세상에 대하여
우리가
더잘 알아야 할
교양

지은이 | 감수자 소개

지은이 홍준희

동화작가, 북칼럼니스트, 북큐레이터 등으로 활동하며 다양한 현장에서 아동, 청소년과 만나는 작업을 하고 있습니다. 청소년 문제에 관심을 가지고 청소년들이 자신의 삶에서 용기와 희망을 가질 수 있는 분야에 노력하고 있습니다. 저서로 《그런 편견은 버려》《나도 자존심 있어》《못 읽으면 어때》《슬픈 역사를 간직한 도심 속의 박물관 인사동》 등이 있습니다.

감수자 하종강

30년 가까운 세월 동안 노동 상담을 하고 있습니다. 1년에 300회 이상 노동 교육을 다닐 정도로 열정적으로 활동하면서 건강하고 즐거운 노동 현장을 만들기 위해 노력하고 있습니다. '하종강의 노동과 꿈(www.hadream.com)'을 운영하면서 끊임없이 노동자들과 소통하고 노동 현장의 목소리를 대중에게 전하고 있습니다. 한울노동문제연구소 소장으로 일했으며, 현재는 성공회대학교 노동대학 학장으로 재직하고 있습니다. 1994년에 〈너무 늦게 만난 사람들〉(《항상 가슴 떨리는 처음입니다》)로 제6회 전태일문학상을 수상하였고, 그 외에도 《아직 희망을 버릴 때가 아니다》《그래도 희망은 노동운동》《철들지 않는다는 것 – 하종강의 중년일기》《나는 무슨 일하며 살아야 할까?》 등의 저서가 있습니다.

세상에 대하여
우리가 더 잘
알아야 할
교양

홍준희 지음 | 하종강 감수

청소년 노동
정당하게 일할 권리 어떻게 찾을까?

내인생의책

차례

※ 본문의 **굵은 글씨**로 표시된 단어는 107페이지 용어 설명에서 찾아보세요.

| 감수자의 글 |

2011년 말, 자동차 공장에 실습하러 나왔던 고3 학생이 일주일에 58시간이나 일을 하다가 뇌출혈로 쓰러지는 사고가 발생했습니다. 근로기준법에서 정하고 있는 일주일 동안의 기준 노동 시간은 40시간인데, 그 학생은 일주일에 58시간이나 일을 했다는 거예요. 연장 근로 또한 한 달에 100시간에 달했다고 해요.

전문가들은 이런 일이 발생하게 된 데는 우리나라 학교에서 노동 교육을 제대로 시키지 않은 것에 주요한 원인이 있다고 말합니다. 노동자의 권리, 노동법, 노동조합, 최저 임금 제도 등 노동자가 된 뒤에 자신의 권리를 지킬 수 있는 최소한의 예비지식을 갖추지 못한 채 노동자가 되고, 그 결과 노동 현장에서 부당한 대우를 받아도 그것이 부당한 것인지조차 알지 못하고, 만일 알았다고 해도 어떻게 대처해야 할지 모른다는 거지요.

우리가 흔히 선진국이라고 부르는 나라에서는 학교에서 노동 교육을 철저히 실시하고 있습니다. 독일에서는 초등학교에서 모의 단체교섭이 일상화된 특별 활동으로 자리 잡혀 있어서, 학생들이 1년 동안 여섯 차례에 걸쳐 모의 노사교섭 수업을 진행하기도 합니다. 프랑스 고등학교 1학년 사회 과목 교과서는 '단체교섭의 전략과 전술'에 관한 내용이 전체 분량의 3분의 1 정도를 차지하고 있지요. 사회 구성원 대부분이 노동자와 그 가족인 현대 사회에서 청소년들에게 노동 문제를 가르치는 것이 당연한 일로 여겨지지요.

하지만 우리나라 교과서에는 노동 교육이라고 할 수 있는 내용이 거의 없을 뿐만 아니라 오히려 "(최저 임금 제도로 인해) 일부 근로자들의 소득은 올라가지만 다른 근로자들은 일자리를 잃게 되는 결과를 초래할 수 있다."는 등 노동 문제를 부정적으로 바라보는 내용들을 담고 있기까지 해요.

이러한 상황에서 청소년들에게 '노동'에 대한 이해를 바르게 심어 줄 수 있는 책이 나와 무척 다행입니다. 이 책에는 다양한 청소년 노동 현장의 실태를 바탕으로 안전하게 건강하게 즐겁게 일할 수 있는 방법이 담겨 있습니다. 더불어 자신의 노동 권리를 침해당했을 때 어떻게 행동해야 하는지도 구체적으로 설명되어 있습니다. 그래서 일하는 청소년들에게는 실질적인 도움이 될 것이며, 아직 노동을 경험하지 않은 청소년들에게는 일하기 전 사전 준비를 할 수 있는 좋은 기회가 되리라 생각됩니다. 부디 이 책이 우리 사회에 '노동'에 대한 올바른 이해가 자리 잡게 하는 데에 좋은 길잡이가 됐으면 좋겠습니다.

성공회대학교 노동대학 학장 **하종강**

들어가며 : 최저 임금 제도와 청소년 노동

한 방송사에서 최저 임금 결정을 앞두고 흥미로운 조사를 했습니다. 각 나라별로 최저 시급 두 시간 분에 해당하는 돈으로 한 끼 식사를 위한 장보기를 한 다음, 사진을 올려 비교해 보는 거였지요. 물가가 비싼 영국이나 프랑스 등 선진국들의 사진에 비해 한국의 사진은 상대적으로 낮은 구매력을 보여 주었습니다. 물론 한국보다 빈약한 나라도 있었지만 대부분 한국보다 풍성한 상차림이었어요. 이 조사를 접한 사람들은 최저 임금 1만 원 인상안을 목표로 협상 테이블에 나선 노동계의 주장이 터무니없지만은 않다고 생각하게 되었습니다. 선진국과의 최저 임금 차이를 생생하게 비교할 수 있었거든요.

평소 노동계의 문제에 관심 없던 사람들도 최저 임금을 결정하는 최저 임금 협상에 대해서는 민감한 반응과 관심을 보입니다. 왜 그럴까요?

최저 임금 제도란?

최저 임금 제도란 노동자가 인간답게 살 수 있는 최소한의 임금을 법으로 결정하는 것입니다. 임금이란 내가 일한 대가를 말합니다. 임금은 노동자와 사용자 간에 자유롭게 정하는 게 원칙입니다. 그러나 힘 있는 사용자에 의해 임금이 너무 낮게 책정될 수 있어요. 이럴 경우 노동자는 정상적인 사회생활이 어려워지고 강도 높은 노동이나 긴 노동 시간으로 건강을 해칠 수도 있지요. 또한 사회적으로 불만을 갖게 되어 집단적인 투쟁으로 이어질 수도 있습니다. 그러면 소비가 위축되어 결과적으로 경제에 악영향을 주게 됩니다. 그래서 국가가 최저 생계비 보장을 위해 강제력을 발휘한 것이 바로 최저 임금 제도예요.

최저 임금 제도와 고용의 관계

최저 임금 제도는 1902년 영국, 1915년 프랑스, 1912년 미국 등에서 공식적으로 도입되었습니다. 그러나 영국에서는 마가렛 대처 수상이 집권하던 시기에 최저 임금 제도가 폐지되었어요. 최저 임금 제도가 임금 인상을 부추겨 해고를 유발하며 이것이 실업으로 이어진다고 생각했거든요. 그런데 예상과는 달리 최저 임금 제도 폐지 후 되레 실업률이 가파르게 증가했습니다. 그래서 토니 블레어 수상은 집권과 동시에 최저 임금 제도를 부활시켰지요. 영국의 사례 이외에도 각종 연구를 통해 고용과 해고는 최저 임금 제도와 상관없음이 밝혀졌습니다.

얼마 전 미국에서는 58개 도시의 1천여 개 사업장에서 파업에 참가하기 위해 노동자들이 거리로 쏟아져 나오는 일이 벌어졌습니다. 이들은 '맥잡(McJobs : McDonald's Jobs)'이라고 불리는 노동자들이었습니다. 맥잡은 저임금 노동자를 이르는 말이에요. 이들은 지금 받고 있는 임금으로는 기본적 생활을 할 수 없으므로 시간당 7.25달러(한화로 약 8,000원)인 최저 임금을 15달러로 인상해 달라고 요구하였습니다. 한국뿐만 아니라 전 세계 노동자들에게도 최저 임금은 뜨거운 이슈라는 뜻입니다.

한국의 최저 임금 제도

우리나라는 최저 임금 제도를 1986년에 도입하여 2년 뒤인 1988년부터 본격적으로 시행해 왔습니다. 그런데 최저 임금은 누가 결정하는 걸까요? 고용노동부가 매년 최저 임금 위원회를 열어서 결정하지요. 최저 임금 위원회는 노동자 대표 위원 9명과 사용자(기업주) 대표 위원 9명, 공익(정부) 대표 위원 9명으로 이루어져 있어요. 노동자 측은 현재보다 더 많은 최저 임금을 받을 수 있도록, 반대로 사용자 측은 최저 임금을 현재와 같거나 최대한 적게 올리기 위해 한 치의 양보 없는 공방을 벌입니다. 그래서 공익 위원들(정부)이 중재를 하여 최저 임금을 결정한답니다.

2015년 최저 임금 제도 협상에서 달라진 것은 노동자 위원으로 '청년 유니온' 대표가 참가하게 된 것입니다. '**열정 페이**'와 알바노조인 '맥도날드 항의 농성' 등으로 사회적 이슈가 된 청년의 저임금 노동에 대해 생각해 보고 현장의 목소리를 들어 보겠다는 의미로 풀이됩니다. 다른 한 편으로는, 노동 시장에서 청소년이나 청년 노동자가 차지하는 비중이 그만큼 커졌다고도 볼 수 있지요.

그러나 생애 첫 노동을 시작하는 청소년들은 열악한 노동 환경에 놓여 있음에도 자신들의 권리를 지켜 줄 노동 지식인 근로기준법이나 최저 임금 제도에 대해 거의 알지 못합니다. 최저 임금이 얼마인지는 고사하고 최저 임금 제도가 있는지조차 모르는 청소년들이 태반이지요. 다행히

미국 로스앤젤레스 맥도날드 매장 앞에서 한 노동자가 최저 임금 인상을 요구하며 시위하고 있다.

최저 임금 제도에 관한 공익 광고를 통해 이제는 많은 청소년들이 최저 임금에 눈을 뜨게 되었습니다.

44만 원 세대

청소년들은 자신들을 44만 원 세대라고 부릅니다. 88만 원 세대로 불리는 청년 세대를 패러디한 것이에요. 성인들의 최저 임금이 청소년들에게는 '최고 임금'이 되는 까닭이지요. 장그래 살리기 대전운동본부가 조사한 바에 따르면 아르바이트 경험이 있는 대전 지역 청소년 중 39.3퍼센트가 법으로 보장하고 있는 최저 임금에 못 미치는 임금을 받았다고 합니다.

하지만 아르바이트생도 최저 임금의 적용을 받습니다. 단, 문서로 수습 기간(3개월)을 정했다면 최저 임금의 90퍼센트만 지급해도 좋다는 규정이 있습니다. 이를 어긴 사업주는 3년 이하의 징역이나 2천만 원 이하의 벌금형을 받게 됩니다. 하지만 이를 아는 청소년은 거의 없답니다.

노동 빈민

노동 빈민이라는 말이 있습니다. 일은 하고 있지만 고용이 불안정해서 언제라도 빈민이 될 수 있는 취약 계층을 일컫지요. 전 세계적으로 '세계화'가 진행되면서 고용 없는 성장 시대가 시작되었습니다. 국내 총생산(GDP)은 높아졌는데 일자리는 줄어들고 구조 조정과 해고 등으로 비정규직이 확산되고 일중독, 과로, 산재 등으로 노동의 질도 하향 평준화가 되었지요. 부모 세대의 불안정한 고용 상태로 인하여 노동 시장에 뛰어들게 된 아동과 청소년도 생겨났고요. 물론 청소년이 노동 시장으로 나오는 데에는 부모의 빈곤뿐만 아니라 다양한 사유가 있습니다.

하지만 확실한 사실은 자의든 타의든 노동 시장에 뛰어든 청소년이 자신의 노동 권리를 당당하게 주장하며 올바른 노동의 가치를 배우고 실현해 갈 수 있을 때, 노동 시장도 건강하게 성장할 수 있다는 것입니다.

청소년은
왜 일을 할까?

아프리카의 시에라리온 청소년들은 생존을 위해 다이아몬드 광산에서 일하고 있습니다. 값싼 임금을 받으며 혹사당하고 있지요. 내전으로 인해 부모를 잃은 아이들은 어른이 될 때까지 광산에서 일하는 것밖에 다른 방법이 없거든요. 이곳 청소년들이 일하는 광산은 항상 물이 고여 있어 말라리아의 온상이고, 작업장은 언제 붕괴될지 몰라요.

아프리카의 시에라리온 청소년들은 생존을 위해 다이아몬드 광산에서 일하고 있습니다. 값싼 임금을 받으며 혹사당하고 있지요. 내전으로 인해 부모를 잃은 아이들은 어른이 될 때까지 광산에서 일하는 것밖에 다른 방법이 없거든요. 이곳 청소년들이 일하는 광산은 항상 물이 고여 있어 말라리아의 온상이고, 작업장은 언제 붕괴될지 몰라요. 이런 곳에서 일하는 데도 그 청소년들은 고작 2달러 안쪽의 일당과 한 끼 식사를 받는 게 전부예요. 학교 교육이란 꿈도 꾸지 못하고요.

우즈베키스탄 목화밭에서의 강제 노동

세계 6대 목화 생산국이자 5대 목화 수출국인 우즈베키스탄에서 목화는 부의 원천입니다. 그래서 목화를 '하얀 황금'이라고 부르지요. 목화 수확이 시작되는 9월부터 3개월간은 어른은 물론 아이와 청소년까지 강제 노동에 시달립니다. 11세에서 17세 사이에 해당하는 5십만에서 2백만 명의 아이들이 하루에 10~50킬로그램의 목화를 따는 중노동에 시달리고 있지요. 이들은 농약과 살충제에 직접 노출되어 작업하는 것은 물론

┃ 시에라리온 청소년이 피의 다이아몬드라고 불리는 다이아몬드 광산에서 일하고 있다.

불결한 식수를 마셔 병이 나거나 사망하기도 해요. 엄마와 함께 목화를
따러 온 아이가 트레일러 안에서 잠을 자다가 목화더미에 깔려 질식사하
는 일도 벌어졌답니다.

그래서 유럽을 중심으로 목화 구매를 보류하거나 거부함으로써 아동
청소년에게 강제 노동을 시키는 우즈베키스탄 정부를 압박하고 있습니
다. 하지만 한국 기업들은 동참하지 않고 있어요. 현지에 가장 큰 방직
공장인 대우인터내셔널과 지폐를 만드는 공기업인 조폐 공사가 진출해
있는 데도 말이에요. 우즈베키스탄 청소년들이 생산한 면직물과 조폐공
사가 발행한 돈을 사용하는 이상 우리도 국제적으로 비난받고 있는 청소
년 강제 노동에서 자유로울 수는 없지요.

지난 2015년 지학순 정의 평화상을 수상한 '우즈베키스탄인권연합'의 활동가 아델라이다 김씨는 명동거리를 거니는 한국 청소년들을 부러운 눈으로 바라보면서 당부했습니다.

"매년 가을이 되면 우즈베키스탄 정부는 중·고등학생을 강제 동원하여 석 달 가까이 목화를 수확하도록 강제 노역을 시킵니다. 축사 같은 곳에 묵게 하면서요. 학교에서 친구들과 함께 공부하고 놀아야 할 시기에 청소년들이 목화밭에서 강제 노동에 시달리고 있는 것이지요. 이런 우즈베키스탄 청소년들의 상황을 기억해 주셨으면 합니다."

청소년들의 눈물과 땀

6월 12일은 '아동 노동 반대의 날'입니다. 국제노동기구(ILO)에서 발표한 보고서에 따르면 현재 전 세계 약 1억 1,500만 명의 아동·청소년들이 사고와 질병, 정신적인 **트라우마**를 유발할 수 있는 유해 노동으로 고통받고 있습니다. 이는 전체 아동·청소년 노동자 수인 약 2억 1,500만 명

강제 노동으로 재배되는 우즈베키스탄 목화에 대한 불법성을 알리고, 강제 노동이 중단되어야 한다는 캠페인 포스터다.

의 절반에 해당하는 수치요.

다행히 아동 노동 근절을 위한 지속적인 노력으로 5~17세 사이의 아동 노동자의 수는 줄어들었습니다. 하지만 15~17세 사이의 청소년 노동자의 수는 같은 기간 오히려 20퍼센트가 증가했어요. 부모의 빈곤, 불안한 정치 상황, 국가 주도의 강제 노동 환경 등으로 청소년들은 교육의 기회를 박탈당하고 어린 나이부터 저임금과 장시간 노동에 시달리게 된 거예요.

실제로 결혼식 예물인 다이아몬드를 비롯해 홍차, 축구공, 운동화, 초콜릿, 휴대 전화, 카펫 등과 같은 우리 주변의 많은 물건들 속에는 강제 노동에 시달리는 청소년들의 눈물과 땀이 우리가 상상할 수조차 없을 만큼 많이 들어 있습니다.

선진국에서의 청소년 강제 노동

청소년 강제 노동은 인도, 파키스탄, 시에라리온, 인도네시아, 브라질, 페루 등 빈곤한 개발 도상국에서만 이루어진다고 생각하기 쉽습니다. 하지만 선진국도 예외는 아니에요.

선진국에서도 청소년들이 매춘, 음란물 제작, 약물 거래 등의 불법 행위와 강제 노동에 동원되는 사례가 많습니다. 주로 인신매매를 통해서입니다.

일본 기후현에는 일본에서 브라질로 이민을 갔던 이민자의 손자와 손녀들이 다시 돌아와 사는 마을이 있습니다. 그런데 주민으로 등록된 일본계 브라질 아이들 중 10퍼센트가 학교에 다니지 않는 미취학생이에요.

주민으로 등록하지 않은 아이들까지 고려하면 미취학생은 80퍼센트에 달하지요. 일본어를 못하다 보니 학교 수업을 따라가지 못해 학교를 그만둔 학생도 있어요. 문제는 미취학생들이 비행청소년이 되거나 가계의 도움을 주기 위해 중학생 때부터 공장에서 일하게 되는 경우가 부지기수라는 거예요. 교육받아야 할 나이에 어쩔 수 없이 생계의 전선에 나서게 된다는 것이지요.

학교 밖 청소년의 노동

유네스코 모두를 위한 교육(EFA) 세계현황보고서에 따르면 2011년 6,900만 명의 세계 청소년들이 학교에 다니지 않았고, 2004년 이후 그 수치는 개선되지 않고 있는 것으로 나타났습니다. 한국도 예외는 아니어서 매년 6만 명의 학생이 학교를 떠나고 있습니다. 학교를 나온 학생들 중 진학을 목적으로 집에서 공부를 하거나 대안 학교에 가는 경우를 제외하면 대부분 일자리를 구해 노동자가 됩니다.

경제적 어려움으로 노동을 선택하기도 하지만 일단 학교를 나온 이상 빨리 사회인으로 자리 잡고 싶은 욕심에 일자리를 구합니다. 그들은 부모에게 의지하지 않고 독립적인 삶을 꾸리기 위해 노동을 선택하지요.

그러나 최근 통계를 보면 학교 밖 청소년의 고용 형태는 임시 일용직이 42.4퍼센트, 무직이 22퍼센트에 달해 이들이 제대로 된 일자리를 구하는 것이 만만치 않음을 알 수 있습니다. 학교 밖 청소년 10명 중 4명은 아르바이트를 하고 있지만, 특별한 기술과 학력이 없어 취약한 일자리에서 부당한 대우를 받기 십상입니다.

> **사례탐구** 호주의 JEPT 프로그램
>
> 호주에서는 가출이나 비행 등으로 인해 교육에서 배제된 학생들이 취업할 수 있도록 직업 알선 프로그램을 적극적으로 운영하고 있다. 그중 하나가 JEPT 프로그램이다. 프로그램 기간 동안 숙박 제공 및 기초 생활비를 지원하여 청소년들이 일탈하지 않고 사회에 제대로 정착할 수 있도록 돕고 있다.

이에 반해 선진국들은 학교 밖 청소년들이 학업을 계속할 수 있도록 대안 학교 등을 마련하여 최대한 학업에 복귀할 수 있도록 유도하기도 합니다. 학업에 뜻이 없는 학생들에게는 노동 시장에 안전하게 진입할 수 있도록 적극적으로 도와주기도 한다는 것입니다.

용돈 벌이를 위한 노동

청소년들은 용돈을 벌기 위해서 일하기도 합니다. 그런데 용돈벌이를 위해 일한다고 하면 한국 어른들은 일하는 청소년을 이상한 눈빛으로 바라보기도 합니다. 쇼핑 중독에 빠졌거나 일탈을 하기 위한 게 아니냐는 의심의 눈초리를 보내는 거지요. 하지만 부모의 실업 상태가 지속되거나 기타 이유로 생계가 곤란해지면 함께 사는 청소년도 영향을 받게 됩니다. 당장 용돈을 받기가 힘들어지지요.

'사회적 관계 유지비'라는 것이 있습니다. 동료나 가족, 친구 등 다른 사람과 어울리는 데 필요한 비용을 말합니다. 친구와 영화를 보고, 노래방을 가고, 결혼이나 생일 축하 선물을 사고, 친구나 가족과 식사 등을 하는데 드는 비용이지요. 청소년들도 혼자 살아가지 않는 이상 사회적 관계 유지비가 필요합니다. 부모님이 사회적 관계 유지비를 충분히 지원해 주는 청소년들은 걱정이 없겠지만 그렇지 못한 형편의 청소년들은 스스로 일을 해서라도 이 문제를 해결하려고 들지요.

교육을 목적으로 하는 노동

청소년기에는 앞으로 어떤 삶을 살아갈지, 어떤 사람이 될지, 어떤 직업을 가지고 살아갈지 등에 대한 끊임없는 탐색 과정이 필요합니다. 그 과정에서 노동 체험이 자신의 미래를 설계하는 데 도움이 될 수 있어요.

얼마 전 뉴욕타임스는 교육면에 '**파트타임** 경험도 값진 과외 활동이 될 수 있다'는 기사를 실어 주목을 받았습니다. 기사에서는 직업 체험이 어떤 직업을 가질지 고민하는 청소년에게 자신의 관심 분야를 심화시키거나 바꿀 수 있는 좋은 기회가 된다고 말합니다. 또한 힘들게 번 돈을 가치 있게 쓰는 방법을 알게 되고, 사람들과의 관계 맺기를 통해 조직 적응력과 함께 원만한 대인관계를 갖는 법을 터득하게 되고요.

실제로 미네소타대학이 고등학생의 파트타임 아르바이트에 대한 연구를 한 결과 고등학생이 파트타임으로 일하면 여러 가지 긍정적인 효과를 낼 수 있다는 결론을 내렸습니다. 일에 대한 실제 경험이 직장을 구할 때 도움이 되며, 일하며 사교성을 발달시킬 수 있고, 효율적인 시간 관리 습관도 기를 수 있기 때문이지요. 그래서 방학 기간을 이용하여 동네 패

스트푸드점에서 일한 경험은 많은 돈을 들여 외국에 다녀온 학생의 특별
활동에 비해 전혀 부족함이 없다고 소개하고 있어요.

미국 대통령들의 첫 직장

미국 CNN에서도 오바마 대통령을 비롯한 역대 미국 대통령들의 첫
직장을 소개하는 기사를 내보냈습니다. 오바마 대통령은 배스킨라빈스
아이스크림 가게에서 아르바이트로 처음 돈을 벌었어요. 레이건 전 대통
령은 고교 시절 고향인 일리노이 주 딕슨 강에서 수상 구조원으로 일했
고, 포드 전 대통령은 고교 시절 아버지가 운영하던 페인트 가게와 햄버
거 가게에서 일했어요.

사람들은 대통령들이 청소년 시절 경험한 노동이 다양한 사회 계층을
이끌어 갈 수 있는 리더십을 갖는 데 도움이 되었다고 말합니다. '청소년

┃ 청소년 시절 아르바이트를 했던 미국 대통령들이다. 왼쪽부터 버락 오바마, 로널드 레이건, 제럴드 포드다.

은 학생이고, 학생은 공부해야 한다.'라는 한국의 사회 문화와는 사뭇 다르지요. 이러한 시각 차이는 유럽 등 인권 선진국들이 수십 년 전부터 시민 교육이라는 과목을 각 학교마다 개설하고 초등학교 때부터 체계적으로 노동 인권 교육을 실시했기 때문에 가능한 거랍니다.

선진국의 경우 아르바이트가 청소년에게 훌륭한 사회 경험이 될 수 있도록 정책적, 사회적 지원을 강화하고 있습니다. 중앙 정부와 지역, 시민 사회가 함께하는 다양한 청소년 고용 프로그램을 운용하여 청소년이 안심하고 노동할 수 있는 환경을 만들어 주는 것이죠.

교육적 고용 프로그램

학생의 교육적 고용 프로그램(SEE : Student Educational Employment)은 미국에서 실시하는 학생 대상 고용 창출 제도입니다. 이 프로그램은 파트타임 고용의 형식인 '임시 고용제'와 자신의 전공과 관련된 일을 할 수 있는 '전공 경험제'로 나뉘어요. 학생이 성공적으로 학업과 일을 마칠 경우 정식 고용의 기회도 주어지지요.

프랑스에서는 1994년 이후 학생과 사회 각계각층을 연결하여 '여름 노동 프로그램' 등 학생 직업 체험 프로그램을 늘리고 있습니다. 스위스와 스웨덴의 경우는 지방 자치 단체가 '사회적 일자리'나 '지역 일자리'라는 관점에서 학생들에게 직접 일자리를 제공하고 있지요. 독일은 지자체에 청소년 노동보호지방위원회, 감독관청 내 청소년 노동보호위원회 등을 구성해 청소년 노동 인권 상황에 대한 감독을 실시하고 있어요. 각 위원회에는 노동자 대표, 청소년 단체, 교사의 참여를 보장하고 있답니다.

일본의 청소년 직업 체험 프로그램

일본 도쿄에서는 2005년부터 공립중학교 2학년생을 대상으로 직장 체험 사업인 '와쿠와쿠(일본어로 두근두근이라는 뜻) 프로그램'을 실시하고 있습니다. 청소년의 자립과 사회 참여 교육의 일환으로 시행되고 있지요. 학생들은 지역 상점과 민간 기업, 공공시설 등에서 3~5일간 직업 체험을 하게 됩니다. 금융, 복지, 음식, 미용, 서적, 농업을 비롯한 도내 다양한 기업 및 단체가 일자리를 제공하고 있지요.

이 프로그램을 통해 학생들은 일하는 의미를 깨닫게 되고, 부모는 자연스럽게 학생들과 소통하게 되고, 사업에 참여한 기업들은 사무매뉴얼을 재정비하거나 작업의 효율성을 재확인할 기회를 갖게 되었다고 합니다. 그 결과 와쿠와쿠 프로그램은 학생, 학부모, 기업 모두가 만족하는 프로그램으로 자리 잡게 되었지요.

일본 효고현에서는 매년 11월이 되면, 중학교 2학년을 대상으로 하는 '트라이 야르 위크'라는 직장 체험 프로그램을 실시하고 있습니다. '트라이 야르'란 의지나 의식을 가지고 행동한다는 뜻으로 직장 체험을 통해 진로를 찾고 무엇보다 올바른 인성을 기르게 하는 데 그 목적이 있어요. 특히, 1997년 한 중학생이 초등학생을 살해하는 사건이 일어나자 효고현에서는 인성 교육의 중요성을 절감하고 지역을 사랑하는 인재를 키우기 위해 이 프로그램을 실시하게 되었답니다. 5일간 실시되며, 인근 제조업체와 복지 시설뿐만 아니라 미용실, 유치원, 슈퍼마켓, 제과점 등 소규모 점포까지 참여하고 있어요.

한국의 선행 직업 체험

한국의 특성화 고등학교 학생들은 고등학교 3학년이 되면 수습, 견습, 훈련이란 이름으로 자신의 전공과 관련된 노동 현장에 취업합니다. 취업률이 학교 평가에 영향을 미치기 때문에 학교에서도 학생들에게 상급 학교로의 진학보다는 취업을 적극적으로 권장하지요.

하지만 이름만 거창할 뿐 현장 실습은 실제 학교에서 배운 전공 관련 실무나 기술을 현장에서 숙달하는 과정이 아닙니다. 그보다는 전공과는 동떨어진 업무를 하는 직장에 파견되어 값싼 노동력을 제공하는 꼴이 되는 경우가 태반입니다. 선행 직업 체험이란 취지가 의심스러울 정도로 어떤 기업체는 노동력만 이용하고 실습생 중에서 단 한 명도 채용하지 않습니다. 학생들은 34시간부터 길게는 6개월까지 현장 실습 기간 동안 전공과 상관없는 일을 하며 학습권마저 빼앗깁니다. 게다가 실습생이라는 이유로(노동자가 아니라는 뜻입니다) 노동법의 보호도 받지 못하고 임금 체불, 유해 환경 노동, 야간 및 휴일 노동 등에 시달렸죠.

이런 문제는 2011년 12월 기아자동차 광주 공장에서 현장 실습을 하던 학생이 뇌출혈로 쓰러진 사고로 인하여 세상에 알려졌어요. 정부는 이 사건을 계기로 현장 실습 제도 개선책을 발표하였고 현장 실습 표준 협약서를 개정했습니다.

선진국의 청소년 직업 훈련

독일의 경우 청소년 노동 보호법, 프랑스는 노동법으로 18세 미만 직업 훈련생과 실습생의 노동 기본권을 보장하고 있습니다. 영국은 한국과는 다르게 기초학년 1년, 초등 6년, 중등 5년, 고등 2년으로 학제가 구성되어 있습니다. 그중 고등학교를 가지 않는 25퍼센트의 학생들은 만 16세에 중학교를 마치고 바로 취업하거나 사회로 뛰어듭니다. 고등학교 졸업자의 절반 정도는 대학에 진학하지 않고 직업 훈련을 받은 뒤 바로 취업하지요.

영국에서 시행되는 중등교육 수료 고사(GCSE : General Certificate of Secondary Education)는 만 16세에 자신들이 원하는 과목을 5~10 과목 정도 선택해서 시험을 치른 뒤에 자격증을 받는 형식입니다. 고등학교에 진학하지 않고 직업 교육을 희망하는 학생들은 자신의 진로와 관련된 전문성을 기를 수 있는 과목들을 골라 학습할 수 있어요.

❙ 남자 청소년이 공장에서 직접 자동차 정비 직업 훈련을 받고 있다.

학벌의 차이로 차별받는 경우가 드물고, 직장을 다니다가 대학을 진학하고자 할 때는 직장 경력을 학력의 가치와 동일하게 인정받아 대학 입학 허가를 받을 수 있습니다.

독일의 마팔사는 절삭 공구 제조업체로 유명한 회사입니다. 마팔사는 직접 학생들을 공장에 데려와서 3년간 공구나 기계 다루는 법을 가르칩니다. 3학년이 되면 현장에서 일할 수 있게 하고요. 이렇게 일과 학습을 병행하게 하여 기업이 직업 훈련을 직접 실시한 뒤 정규직으로 채용하는 시스템이지요. 이런 시스템을 도제식 교육 시스템인 '듀얼 교육'이라고 불러요.

스위스의 베른시 인근에 위치한 건설 자재 설비 및 건설 기계 제조업체인 암만(Ammann)사의 경우도 이러한 도제 시스템을 활용하여 학생들에게 기술을 가르칩니다. 이곳은 4년의 교육 과정을 운영하며 이 과정을 마치면 암만사의 정규직 취업이 가능하답니다.

간추려 보기

- 아동·청소년 노동자 중 절반이 각종 사고와 질병, 정신적인 트라우마를 유발할 수 있는 유해 노동으로 고통받고 있다.
- 청소년들은 경제적 사정으로, 직업 체험의 일환으로, 그 밖에 다양한 이유로 일을 하게 된다.
- 청소년들은 특별한 기술이 없고 학력이 낮다는 이유로 부당한 대우를 받는 경우가 많다.

사람은 언제부터
일하게 되었을까?

인간은 언제부터 일한 대가로 삶을 꾸리며 살게 되었을까요? 고대 그리스와 로마 시
대처럼 노예를 부리던 사회에서는 일하는 사람과 일하지 않는 사람이 뚜렷이 구별되
었습니다. 귀족은 문화생활을 향유하며 살았고, 일은 모두 노예가 했지요. 그 당시 사
람들은 일이란 노예와 같은 천한 계급의 사람들이 하는 것으로 생각했어요. 이런 인
식은 중세 시대와 르네상스를 거쳐 종교 개혁이 일어나기 전까지 지속되었답니다.

앞서 살펴본 것처럼 청소년들은 다양한 이유로 일을 합니다. 마찬가지로 어른들도 생계를 위해 일하며 살아갑니다. 기본적인 생활을 유지하려면 반드시 일을 해야 하지요. 그렇다면 인간은 언제부터 일한 대가로 삶을 꾸리며 살게 되었을까요?

고대 그리스와 로마 시대처럼 노예를 부리던 사회에서는 일하는 사람과 일하지 않는 사람이 뚜렷이 구별되었습니다. 귀족은 문화생활을 향유하며 살았고, 일은 모두 노예가 다 했지요. 그 당시 사람들은 일이란 노예와 같은 천한 계급의 사람들이 하는 것으로 생각했어요. 이런 인식은 중세 시대와 **르네상스**를 거쳐 **종교 개혁**이 일어나기 전까지 지속되었답니다.

노동의 시작

11세기 십자군 전쟁으로 유럽에서는 상업과 수공업이 크게 발달하게 됩니다. 상업과 수공업으로 부를 쌓은 사람들은 영주로부터 지배권을 사들여 도시를 지배하게 되지요. 그 뒤 16세기 영국 농촌에서는 인클로저 운동이 일어났습니다. 인클로저 운동이란 모직 산업의 발달로 양털 값이 폭등하자 지주들이 수입을 늘리기 위해 농경지를 목장으로 만든 걸 말해요. 이로 인하여 소작농들은 농경지에서 쫓겨나 도시에서 새로운 일을 찾아야 했지요. 이를 두고 토마스 모어는 자신의 저서인 유토피아에서 "전에는 사람이 양을 잡아먹었지만, 지금은 양이 사람을 잡아먹는다."라고 일갈했습니다.

게다가 때마침 종교 개혁을 주도한 칼뱅의 **개신교**가 등장하면서 노동에 대한 시각 또한 달라졌습니다. 개신교에서는 노동은 신성한 것이며, 신이 인간에게 부여한 소명으로 해석했거든요. 신에게 구원을 받으려면 '믿음'을 가져야 한다는 루터와는 달리 칼뱅은 구원받을 사람은 이미 정해져 있고, 자신에게 주어진 일을 열심히 해서 좋은 성과를 이루고 성공하면 신의 축복을 받은 증거라고 주장했지요. 이런 칼뱅의 교리는 도시

알아두기

인클로저 운동

15세기 말에서 19세기까지 영국에서 1차와 2차에 걸쳐 진행된 '울타리치기' 운동이다. 1차 인클로저 운동은 모직 산업의 발달로 양털 값이 폭등하자, 지주들이 일제히 농지에 울타리를 치고 농작물 대신 양을 기르는 목장을 운영한 걸 말한다. 2차 인클로저 운동은 곡물 가격이 오르자 소규모 농장을 흡수하여 몸집을 불린 대규모 농장이 등장해 그로 인해 자본주의 농업 경영 시스템이 대두된 운동이다. 이로 인해 토지를 잃은 농민은 도시 임금 노동자로 흡수되었다. 그 결과 지주, 농업 경영자, 농업 노동자로 구분되는 자본주의적 신분제인 삼분제가 성립되었다.

종교 개혁을 일으킨
칼뱅의 조각상이다.

에서 자본을 축적하던 상인이나 수공업자들에게 열렬한 환영을 받았습
니다.

자본가는 이윤을 위해, 노동자는 임금을 얻기 위해 '노동'을 사고파는
시장이 형성된 거지요. 그러면서 매뉴팩처로 대표되는 초기 자본주의 시
기를 거쳐 자본주의가 본격적으로 발달하게 된답니다.

노동자란 누구인가?

신분제 사회에서는 한 사람의 정체성을 그가 속한 계급이 말해 주었습니다. 한국도 양반, 평민, 노비와 같은 신분이 그 사람을 결정짓는 시대가 있었어요. 그러나 신분제 사회가 무너지고 자본주의 사회로 들어서면서 타인을 판단하는 가장 중요한 기준은 '어떤 일을 하는가?'로 바뀌게 되었지요. 즉 직업이 사람을 판단하는 중요한 요소가 된 거예요.

'일'은 곧 '노동'을 뜻합니다. 노동하는 사람을 '노동자'라고 부르고요. 그렇다면 우리는 모두 노동자가 됩니다. 모두 일하며 살아가기 때문이지요. 그런데 '노동자'로 불리기를 꺼리는 사람들도 있습니다. 왜 그럴까요? 노동자를 하찮은 일이나 하는 천한 사람으로 생각하기 때문이에요.

노동자란 사용자, 또는 고용인에게 노동력을 제공하고 임금을 지급받는 사람을 말합니다. 피고용인이라고도 부르는데 한국에서는 같은 뜻으로 '근로자'라는 말을 사용하기도 해요.

사람들은 근로자라는 말에서 '열심히 일하는 사람'이라는 긍정적인 의미를 떠올리고, 노동자라는 말에서는 '집회나 시위를 연상하거나 낮은 임금을 받으며 힘든 일을 하는 사람'이라는 부정적인 이미지를 떠올립니다.

알아두기

매뉴팩처

자본주의 생산 양식인 기계제 대공장의 전 단계인 공장제 수공업을 말한다. 1550년경부터 산업 혁명 이전까지의 산업 형태다. 생산 기술의 기초를 수공 기술에 두고 있는 점에서는 수공업에 가깝다. 하지만 임금 노동자의 고용을 기반으로 대규모 생산을 한 것은 대공업에 가깝다.

▌ 부녀자들이 기계를 사용하여 일하고 있는 모습이다.

하지만 깊이 살펴보면 노동자라는 말에는 노동력을 제공하는 사람으로서 그것을 제공받는 사람인 사용자와 대등한 관계를 가진다는 의미가 있습니다. 하지만 근로자는 '사용자의 요구에 따라 부지런히 일하는 사람'만을 뜻하는 종속적인 개념이에요. 원래 근로자라는 용어는 일제 강점기 때 강제 노역 동원을 목적으로 조직된 '근로 정신대'라는 말에서 유래했어요. 그래서 중국이나 대만은 물론 일본의 노동법에서조차 근로자라 말은 삭제된 지 오래랍니다.

최초의 임금 노동자
한국의 근대 자본주의 체제는 서양에서 들어온 자본주의를 받아들여

발전했습니다. 1876년 외국과 맺은 최초의 불평등 조약인 강화도 조약이 그 시작이지요. 강화도 조약으로 인해 외국인에게 항구가 개항되면서 외국의 자본주의 체제가 유입되었거든요.

고려 시대나 조선 시대까지만 해도 우리나라는 신분제 사회였습니다. 서양의 노예와는 다른 노비 제도가 있었지요. 노비들은 신분상으로는 노예와 비슷하나 중세 시대 서양의 농노와 비슷한 역할을 했습니다. 하지만 조선 후기에 들어와 신분 제도가 흔들리기 시작했어요. 농업 기술의 발달과 화폐 경제의 확대로 빈부 격차가 심해졌고, 그로 인해 넓은 경작지를 가진 부농이 생기는가 하면 남의 땅에 농사를 대신 지어 주고 품을 받는 빈농도 늘어났지요. 그중에는 도시로 나가 수공업에 종사하거나 광부로 일하는 등 노동자가 된 사람들도 있었어요. 그 와중에 서양식 자본주의가 식민 지배와 함께 들어선 거예요. 농촌 사회는 급속히 몰락했고 철도 등 토목 건설로 인한 노동력의 수요가 크게 늘어나게 되었지요. 이때부터 근대적 의미의 임금 노동자가 본격적으로 생겨났다고 볼 수 있어요.

근대 자본주의와 노동자

1789년 프랑스에서는 노동자와 농민, 수공업자, 신흥 자본가인 부르주아가 혁명을 일으킵니다. 이들은 대혁명에 성공하지만 시민 혁명의 수혜를 입은 사람들은 오로지 부르주아들이었어요. 영국도 명예혁명, 청교도 혁명을 일으켰지만 결과는 자본가를 위한 혁명이 되어 버렸지요.

자본가들을 위한 사회에서 노동자들은 먹고 살기 위해 어쩔 수 없이 일해야 하는 상황에 놓이게 됩니다. 이윤만을 추구하는 자본가들의 요구에 의해 비인간적인 노동에 시달리게 되었지요. 기술과 과학의 발달로 도입된 기계는 노동자들의 수고를 덜어주기는커녕 기계가 오히려 인간을 지배하는 결과를 가져왔고요. **기계화** 이전의 노동자들은 각자 고도의 숙련된 기술들을 가지고 일을 했습니다. 그러나 기계가 도입되면서 이런 숙련 노동자들은 쓸모없어졌고, 기술자 대신 값싼 미숙련 노동자들을 고용하게 되었어요.

이렇게 근대 자본주의 사회와 함께 탄생한 노동자의 삶은 어떻게 변화되었을까요? 영국의 소설가 로알드 달이 쓴 책 《찰리와 초콜릿 공장》에서 주인공 찰리의 아버지는 치약 공장에서 일하는 노동자로 나옵니다. 치약 공장에서 치약 뚜껑 닫는 일을 하며 적은 월급으로 가족들을 부양하고 있지요. 찰리의 아버지가 아무리 열심히 일해도 가족들은 가난에 허덕입니다. 그런데 공장이 기계화되면서 그나마 있던 일자리마저 빼앗기게 됩니다. 결국 찰리의 가족은 양배추 수프조차 못 먹을 정도로 곤궁한 삶을 살게 되지요. 찰리네 가족을 보면 그 당시 노동자의 삶이 얼마나 힘들었는지 유추해 볼 수 있습니다. 찰리 아버지가 공장에서 해고된 것과 달리 비인간적인 노동 시스템을 참지 못하고, 공장에서 도망친 노동자들도 많습니다. 이들 상당수는 떠돌이 빈민이 되었지요.

정규직과 비정규직

노동자를 구분할 때 흔히 블루칼라와 화이트칼라라는 말을 사용하기도 합니다. 화이트칼라는 흰색 와이셔츠에 넥타이를 매고 일하는 사람들

《찰리와 초콜릿 공장》에서 로알드 달은 노동자의 삶이 얼마나 힘들었는지 찰리네 가족을 통해 보여 주고 있다.

© 시공주니어

을 가리킵니다. 블루칼라는 공장이나 현장에서 작업복을 입고 일하는 사람들을 말하지요. 그러나 이것은 낡은 구분법이에요. 사회에서 선망받는 직업인 의사나 교사, 판사 등도 모두 똑같은 노동자입니다. 일을 하고 그에 대한 노동의 대가를 받는 사람이라면 모두 노동자인 것이지요.

오늘날에는 노동자를 구분하는 말로 정규직과 비정규직이라는 말이 있습니다. 정규직은 사용자와 직접 고용을 통해 정년을 보장받으며 일하는 경우를 말해요. 비정규직은 말 그대로 정규직이 아니라는 뜻이에요. 사용주가 불분명한 간접 고용의 형태로 파견이나 용역 회사 소속으로 일하지요. 계약직이라고도 불러요. 청소년 노동자들이 일하는 시간제 근로, 파트타임 아르바이트 등은 모두 비정규직에 해당되어요.

한국에서 비정규직은 1997년 IMF **외환 위기** 때 생겨났습니다. 기업들이 구조 조정을 위한 대량 정리 해고를 실시하면서 등장한 것이 바로 비정규직이에요. 비정규직은 1년 단위로 고용 계약을 연장하게 됩니다. 그렇다 보니 생활이 불안정하게 되지요. 파견직이나 기간제 근로자는 2년 이상 일하면 정규직으로 전환하도록 법에 명시되어 있어요. 하지만 이런 법이 지켜지기는커녕 되레 기업들은 비정규직을 늘려 가고 있지요. 최대의 이윤을 내기 위해서 말이에요. 이로 인해 노동의 양극화가 심화되고 있어요. 이를 해결하기 위해 몇몇 나라에서는 국가가 직접 나서기도 한답니다.

덴마크 사례

덴마크는 한국의 절반쯤 되는 면적에 인구는 560만 명 정도입니다. 노동자를 고용하거나 해고하는 일이 비교적 자유로운, 노동 유연성이 높은 나라지요. 그런데도 빈부 격차가 크지 않고 국민 모두가 평등하다고 느끼며 행복하게 사는 나라로 유명합니다. 어떻게 이런 일이 가능할까요?

덴마크는 19세기 후반만 해도 노동자들이 하루 14시간씩 일하는 나라였습니다. 임금도 매우 낮았어요. 엎친 데 덮친 격으로 경기 침체까지 와 해고당하는 노동자들도 늘어만 갔지요. 결국 1899년 5월 1일 노동절을 기점으로 노동자들이 파업을 했고, 기업들은 아예 회사 문을 닫아 버리는 지경에 이르렀습니다. 하지만 다행히 그해 9월 노동자와 기업 대표는 긴 토론의 시간을 거쳐 '대타협'을 하게 됩니다.

노동자에게는 **노동조합**을 결성하고 파업할 수 있는 권리를, 기업에게는 노동자를 해고할 수 있는 권리를 주기로 한 거예요. 대신 정부는 해고로 실업자가 된 사람에게 1년 6개월 동안 매달 1만9,000 크로네(한화로 약 350만 원)의 실업 수당을 지급하는 사회 안전망을 구축했습니다.

이런 일이 가능한 것은 노동자들의 권익을 대변하는 노동조합이 굳건하게 노동자들의 인권을 지켜 주고 있어서입니다. 덴마크의 노조 가입률은 70퍼센트에 이릅니다. 유럽의 노동조합 평균 가입률인 23퍼센트를 훨씬 웃도는 수치지요.

이렇게 노동조합을 통해 노동자와 사용자가 함께 복지를 논하고 서로 믿고 의지하는 관계를 만들면서 덴마크는 정치가와 노동자, 기업인이 서로 신뢰하는 행복한 나라가 되었답니다.

노동자의 권리

인간은 누구나 마땅히 누려야 할 권리를 가지고 태어납니다. 이것을 국적, 종교, 민족, 성별, 장애 여부 등과 상관없이 인간이라면 누구나 가지는 보편적 권리, '인권'이라고 해요. 인권에 해당하는 것 중의 하나가 바로 '노동권'이에요. 우리나라 헌법 32조 1항에는 "모든 국민은 근로의 권리를 가진다." 33조에는 "근로자는 근로 조건의 향상을 위하여 자주적인 단결권, 단체교섭권 및 단체행동권을 가진다."라고 명시되어 있습니다. 단결권, 단체교섭권, 단체행동권을 '노동삼권'이라고 불러요. 이렇게 노동기본권을 헌법에까지 권리로 명시해 놓은 이유는 무엇일까요?

2백 년 전 유럽에서는 자본주의가 태동함에 따라 자본가와 노동자 사이의 갈등이 사회적 문제로 대두되었습니다. 노동자들은 임금 인상을 위해 단체를 결성하여 대항했어요. 프랑스에서도 마찬가지였어요. 그러자 프랑스 정부는 1791년 임금 문제는 노동자가 개별적으로 자본가와 해결할 문제이며 단체를 결성하는 것은 불법이라는 르 샤플리에법을 만들었지요. 이웃나라 영국도 의회를 통해 1800년 노동자들의 조직 활동을 엄격히 제한하는 단결금지법을 실시했고요.

이러한 법들은 노동자들이 노동조합을 만들어 단체 행동을 하는 것을 불법적인 범죄 행위로 인식하게 만들었어요. 그런데 이런 인식은 잘못된 거예요. 사업장에서 일어나는 부당 노동 행위는 노동자 개인이 사업주에 맞서 바꾸기는 힘들어요. 노동자와 사업주가 대등한 위치에 서 있지 못하니까요. 그렇다 보니 혼자가 아닌 여럿이 함께 맞설 수밖에 없어요.

대표적인 단체 행동으로는 파업이 있습니다. 파업을 하게 되면 임금을 받지 못하므로 노동자에게도 이익이 되지 않아요. 그런데 왜 파업을 할까요?

사람들은 인간다운 대접을 받으며 일할 수 있는 권리를 침해당했을 때 파업을 하게 됩니다. 물론 그 전에 사용자와 조정 절차를 통해 평화적인 방법으로 문제를 해결하면 가장 좋습니다. 하지만 합의점을 찾는 일이 쉽지 않지요. 그래서 노동삼권인 단결권, 단체교섭권, 단체행동권은 소중한 권리입니다. 이 권리를 지키기 위해 수많은 노동자들이 자신을 희생하기도 했어요.

우리나라와 일본은 노동삼권이 헌법에 명시되어 있습니다. 하지만 독일은 단결권만 규정하고 있어요. 단결권 안에 단체교섭권과 단체행동권이 포함된 의미로 해석되지요. 미국은 헌법에 결사의 자유만 규정되어

알아두기

1886년 5월 1일 미국 시카고에서 하루 14시간의 장시간 노동과 저임금에 시달리던 노동자들이 자본가들에 맞서 하루 총파업할 것을 결의했다. 그들은 8시간 노동이 이루어지고 있는 공장에서 생산된 '8시간 구두'를 신고 공장을 나와 가족들과 거리를 걸으며 노래를 부르면서 평화 행진을 벌였다. 이 과정에서 20만 명의 노동자들이 8시간 노동 계약을 맺게 되었다. 그러나 자본가들의 반격으로 5월 3일 시위 중인 노동자들에게 경찰이 발포하는 일이 발생했다. 그로 인해 어린 소녀를 포함한 6명의 노동자가 죽음을 맞았다. 5월 4일에는 시위 중이던 노동자들이 모여 있던 헤이마켓에 폭탄이 터져 200여 명이 부상당하거나 사망했다. 노동 운동 지도자들은 체포되어 무기 징역이나 사형을 선고받았다. 그리고 7년 뒤 그 당시 구속되었던 지도자들이 모두 무죄였음이 밝혀졌고 1889년 7월 제2 인터내셔널 창립 대회에서 5월 1일을 세계 노동자의 날로 선포하게 되었다.

하지만 미국의 노동절은 1882년 9월 5일 센트럴 노조가 벌인 노동자 행진에 기원을 두고 있어서, 매년 9월 첫 번째 월요일을 노동절(Lavor Day)로 지정하고 있다.

우리나라는 대한노총 창립 기념일인 3월 10일을 노동절로 정하고 이름도 '근로자의 날'로 불렀다. 그러다가 1994년 합법적으로 다시 5월 1일을 노동자의 날로 정하게 되었디.

있고 노동삼권은 헌법이 아닌 법률로 규정되어 있습니다.

· **단결권** : 근로자 개인이 단체(노동조합)를 결성하거나 그에 가입하여 활동할 수 있는 권리와 그 단체가 자주적으로 활동할 수 있는 권리

▍ 임금 인상을 요구하며 노동자들이 파업 시위를 벌이고 있다.

- **단체교섭권** : 근로자들이 단체(노동조합)의 이름으로 사용자와 근로 조건에 대해 교섭할 수 있는 권리
- **단체행동권** : 단체 교섭에서 근로자와 사용자의 주장이 일치하지 않을 경우 근로자 측의 주장을 관철시키기 위해 업무의 정상적인 운영을 방해할 수 있는 쟁의 행위를 하거나 업무를 방해하지 않는 선에서 시위, 청원. 선전 활동을 할 수 있는 권리

한국의 노동 기본권

노동 기본권이 헌법에 명시되어 있어도 정당한 대우가 이루어지지 않는 경우가 많습니다. 우리가 흔히 보는 웹툰과 드라마, 영화를 보면 노동

집중탐구 노동 쟁의 행위 종류

노동 쟁의란 임금, 근로 시간, 복지, 해고 등 근로 조건의 결정에 관한 노동 관계 당사자 간 주장의 불일치로 일어나는 분쟁 상태를 말한다. 노동자가 취할 수 있는 노동 쟁의의 행위로는 다음과 같은 것이 있다.

- 파업(strike) : 다수의 근로자가 조직적으로 일하기를 거부하는 것
- 태업(slowdown) : 근로자들이 단결해서 일을 쉬거나 작업 능률을 떨어뜨리며 일하는 것
- 보이콧(boycott) : 다른 기업을 대상으로 쟁의 중인 기업의 생산품을 불매 또는 거래 중단을 호소함으로써 사용자에게 압력을 주는 것, 불매 운동
- 피케팅(picketing) : 파업을 효과적으로 하기 위해 다른 근로자들에게 파업 동참에 협력할 것을 요구하거나 노동조합의 요구에 대해 일반인들의 이해를 얻기 위해 하는 보조적인 쟁위 수단
- 준법 투쟁(work to rule) : 단체 휴가, 시간 외 근로 거부, 정시 출퇴근 등 법규를 지키면서 사용자에게 손해를 주는 노동 쟁의

반대로 노농 쟁의 행위에 맞서서 사용자는 임금 지급을 회피할 목적으로 '직장 폐쇄(lockout)'를 할 수 있다. 하지만 노동조합이 쟁의 행위를 중단하면 사용자도 중단해야 한다.

자의 애환과 함께 노동조합을 결성하고 노조 운동을 하기까지의 과정이 얼마나 힘든 길인가를 알 수 있어요.

노동자의 애환과 노동조합의
결성 과정을 그린 드라마 '미생',
영화 '카트', 웹툰 '송곳'이다.

이렇게 노동 조건을 개선하는 일이 성인 노동자들에게도 힘겨운 일인
데 청소년 노동자들이 부당 노동에 대항하는 일이 어려운 것은 두말할 나
위가 없지요.

청소년들은 어른 말에 고분고분 잘 따라야 예의 있는 사람이라고 배
웁니다. 그러다 보니 부당한 상황에서도 이에 맞서면 예의 없다는 비난
과 함께 훈계나 핀잔을 듣기 일쑤예요.

또한, 청소년들이 근무하는 사업장에는 노동조합이 없는 곳이 대다수
입니다. 노동조합이 있다고 해도 청소년들은 조합원이 되는 경우가 거의
없지요.

한국에서 노동조합을 만들기 위해서는 2인 이상의 노동자가 모여야 합니다. 그런데 관리자나 비서 등 사용자의 이익을 대표하거나 근로기준법상 근로자가 아닌 자(예를 들면 배달 아르바이트생)는 조합원으로 참여할 수 없어요.

그러나 최근에는 청소년 노동자들의 인권을 대변하기 위한 청소년들만의 노동조합들이 생겨나기 시작했습니다. 그중에 하나가 청소년유니온입니다. 만 15 ~ 24세 청소년은 누구나 가입할 수 있으며 청년유니온과 노년유니온에 이어 노동부로부터 법적 지위를 획득한 세대별 노동조합이지요. 청소년유니온은 아르바이트 청소년뿐만 아니라 특성화 고등학교 현장 실습생들의 근로 현장 개선, 학교 내의 노동 인권 교육 강화 등을 목표로 활동하고 있습니다.

이외에 알바노조, 청소년 인권 행동 아수나로, 청소년 노동인권네트워크 등의 단체들이 청소년 노동 문제를 해결해 가기 위해 활발히 활동하고 있습니다.

청소년유니온은 캐릭터 알바코를 통해 청소년유니온이 하는 일을 알리고 있다.

- 종교 개혁을 기점으로 노동의 개념이 천한 사람이 하는 것에서 신성한 것으로 바뀌게 되었다.
- 노동자는 크게 정규직과 비정규직으로 나뉜다. 정규직은 사용자와의 직접 계약으로 정년을 보장받는다. 하지만 비정규직은 고용주가 불분명한 간접 고용이면서, 정년 또한 보장받지 못해서 고용 불안을 야기한다.
- 한국은 노동삼권인 단결권, 단체교섭권, 단체행동권을 헌법에 명시하고 있다.
- 청소년 노동자의 인권을 대변하는 청소년 노동조합이 생겨나고 있다.

청소년 노동과 근로기준법

청소년들이 노동 현장에서 부당한 대우를 받지 않으려면 먼저 근로기준법을 알아야합니다. 그래야 자신의 권리를 찾을 수 있어요. 근로기준법에는 자신이 일할 수 있는 나이인지, 일할 수 있는 곳과 일할 수 없는 곳이 어떤 곳인지, 얼마만큼 일하고 언제쉴 수 있는지 그리고 일한 대가로 얼마를 받아야 하는지, 만약 제대로 대가를 받지 못할 경우에는 어떻게 대처해야 하는지, 일을 강제로 그만두게 되었을 때는 어떻게 해야하는지 등에 대한 내용이 나와 있습니다.

근로기준법

은 노동법이라고도 합니다. 노동을 제공하고 임금을 받아 생활해가는 사람들의 권리를 보호하는 법으로 보편적이며 중요한 법이에요. 노동법은 근로기준법과 노동조합법으로 나뉘어요. 근로기준법은 노동자 개개인의 권리와 이익을 대변하는 보편적인 법이며, 노동조합법은 노동자들이 조직한 노동조합에 관련된 법입니다.

근로기준법은 헌법 32조 3항의 "근로 조건의 기준은 인간의 존엄성을 보장하도록 법률로 정한다."에 근거하여 만들어진 법률입니다. 당연히 청소년 노동자의 기본 권리를 보호할 수 있는 사항도 들어가 있어요. 그럼에도 근로기준법의 적용을 받는 청소년 노동자는 매우 적은 게 현실이지요.

청소년들이 겪는 부당 대우

실제 청소년들이 일하는 중에 받은 부당 대우에 대한 조사 결과를 보면 임금 체불부터 법정 노동 시간 어기기, 폭언과 폭행, **성희롱** 등 너무나 많은 부당 노동 행위들이 일어나고 있었습니다. 그런데도 청소년들은 이런 문제를 어떻게 해결해야 할지, 누구의 도움을 받아야 할지 몰라서 그저 자신의 탓으로 돌리거나 운 탓으로 돌리며 아무런 조치도 취하지 못하는 경우가 대부분입니다. 심지어 자신이 부당한 대우를 받고 있다는 사실조차 모른 채 무작정 참는 경우도 있지요.

〈일하는 중에 받은 부당 대우에 대한 조사 결과〉

구분	빈도	퍼센트
1. 약속한 날이 지나서야 알바비를 주거나 아예 주지 않았다.	17	7.9
2. 실수를 했다는 이유로 알바비를 깎았다.	23	10.7
3. 처음 약속한 것 이외의 일을 시켰다.	23	10.7
4. 처음 약속된 시간보다 더 길게 일을 시켰다.	31	14.4
5. 무시하는 말이나 욕을 사용했다.	21	9.8
6. 체벌, 기합, 꿀밤때리기 등 부당한 신체적 대우를 받았다.	6	2.8
7. 성적 괴롭힘(신체, 언어, 시각적 성희롱 등)을 당했다.	6	2.8
8. 아르바이트를 그만두고 싶은데 그만둘 수 없게 했다.	15	7.0
9. 일하다 다쳤는데 적절한 조치(사업주가 치료비를 부담하거나 산업재해 보상을 해 줌)를 받지 못했다.	10	4.6
10. 정당한 이유나 사전 통보 없이 갑자기 일을 그만두라 했다.	16	7.4
11. 부당한 대우를 받은 경험이 없다.	47	21.9
합계	215	100

(자료 출처 : 안양·군포·의왕 청소년 노동인권네트워크 사업 – 청소년 노동인권캠프 참가자 대상 조사 자료)

근로기준법과 청소년 노동 인권

청소년들이 노동 현장에서 부당한 대우를 받지 않으려면 먼저 근로기준법을 알아야 합니다. 그래야 자신의 권리를 찾을 수 있어요.

근로기준법에는 자신이 일할 수 있는 나이인지, 일할 수 있는 곳과 일할 수 없는 곳이 어떤 곳인지, 얼마만큼 일하고 언제 쉴 수 있는지 그리고 일한 대가로 얼마를 받아야 하는지, 만약 제대로 대가를 받지 못할 경우에는 어떻게 대처해야 하는지, 일을 강제로 그만두게 되었을 때는 어떻게 해야 하는지 등에 대한 내용이 나와 있습니다. 그래서 일하기 전에 근로기준법을 학습할 필요가 있어요. 다음은 청소년이 꼭 알아 두어야 할 근로기준법 내용입니다.

일할 수 있는 나이

세계 여러 나라에서는 아동과 청소년의 강제 노동을 금지하기 위해 일할 수 있는 나이를 법으로 정해 놓았습니다. 부득이하게 일해야 하는 경우가 생길 때를 대비하여 법적 규제 조항 또한 별도로 만들어 놓았지요.

그렇다면 청소년은 몇 살부터 일할 수 있을까요? 이를 알기 위해서는 먼저 청소년에 대한 개념 정의가 필요합니다. 유엔아동권리협약(Convention on the Rights of the Child)에는 '아동'이란 18세 미만의 모든 사람을 가리킨다고 명시되어 있어요. 그러나 한국청소년보호법에 따르면 만 19세 미만인 자를 '청소년'으로 규정하여 유해 업소의 출입과 유해 식품의 판매로부터 보호하고 있습니다. 민법에는 만 20세 미만인 자를 '미성년자'라고 규정하고 미성년자의 법률 행위에 따른 여러 가지 법률을

어린이를 위한 약속 유엔아동권리협약

유엔아동권리협약(Convention on the Rights of the Child: CRC)은 1989년 11월 20일 유엔이 채택한 어린이 권리조약으로 우리나라를 포함한 전세계 192개국이 이 협약을 지킬 것을 약속했습니다. 건강하게 자랄 권리, 교육받을 권리, 놀 권리 등 어린이가 누려야 할 권리를 모두 담고 있는 유엔아동권리협약은 각 나라에서 어린이 상황을 개선하는 기반이 되고 있습니다. 전문과 54개 조항으로 구성되어 있으며 1조부터 40조까지가 실제적인 아동권리 내용을 담고 있습니다.

1조 아동의 범위
18세가 안 된 우리 모두는 이 협약에 적힌 권리를 가지고 있습니다.

2조 차별 안 하기
우리는 절대 차별받아서는 안 됩니다. 우리와 우리의 부모님이 어떤 사람이건, 어떤 인종이건, 어떤 종교를 믿건, 어떤 언어를 사용하건, 부자건 가난하건, 장애가 있건 없건 모두 동등한 권리를 누려야 합니다.

3조 어린이를 제일 먼저
정부나 사회복지기관, 법원 등 우리와 관련된 일을 하는 모든 기관은 우리에게 무엇이 가장 이익이 되는지 그 점을 제일 먼저 생각해야 합니다.

4조 정부의 할 일
정부는 우리의 권리를 지켜 주기 위해 필요한 모든 일을 해야 합니다.

5조 부모의 지도
우리의 부모님이나 우리를 보호하는 다른 어른들은 우리를 지도할 권리와 책임이 있습니다.

6조 생존과 발달
우리는 타고난 생명을 보호받고 건강하게 자랄 권리가 있습니다.

7조 이름과 국적
우리는 이름과 국적을 가질 권리가 있으며 부모가 누구인지 알고 부모의 보살핌을 받을 권리가 있습니다.

8조 신분 되찾기
우리가 이름과 국적 등을 빼앗긴 경우 정부는 이를 신속하게 다시 찾을 수 있도록 도와주어야 합니다.

9조 부모와의 이별
부모님과 함께 사는 것이 우리에게 나쁜 영향을 미치지 않을 한 우리는 부모님과 함께 살아야 합니다. 어쩔 수 없이 헤어져 살아야 하는 경우 정기적으로 엄마랑 아빠랑 모두 만날 수 있어야 합니다.

10조 가족과의 재결합
우리가 부모님과 떨어져 다른 나라에 살고 있는 경우 정부는 우리가 다시 부모님과 함께 살거나 계속 만날 수 있도록 입국이나 출국을 쉽게 하게끔 주어야 합니다.

11조 내 나라에서 살기
우리를 강제로 외국으로 보내서는 안 됩니다. 그런 경우 정부는 우리가 돌아올 수 있도록 모든 노력을 다해야 합니다.

12조 의견 존중
우리에게 영향을 미치는 문제를 결정할 때 우리는 의견을 말할 권리가 있습니다. 어른들은 우리의 의견에 귀를 기울어야 합니다.

13조 표현의 자유
우리는 말이나 글, 예술을 통해 우리의 생각을 표현할 권리가 있으며 국경을 넘어 모든 정보와 생각을 서로 주고받을 수 있는 권리도 있습니다.

14조 양심과 종교의 자유
우리는 자유롭게 생각하고 우리의 양심에 따라 행동하는 종교를 가질 수 있어야 합니다.

15조 모임의 자유
우리는 모임을 자유롭게 조직할 수 있어야 하며 우리의 목적을 위해 평화로운 방법으로 모임을 열 수 있어야 합니다.

16조 사생활 보호
우리는 사생활을 간섭받지 않아야 합니다. 우리가 주고받는 전화나 메일 등을 다른 사람이 임의로 보아서는 안 됩니다.

17조 유익한 정보 얻기
우리는 우리에게 도움이 되는 정보를 얻을 수 있어야 합니다. 정부는 해로운 정보로부터 우리를 보호하는 한편 우리에게 유익한 도서의 제작 등을 장려해야 합니다.

18조 부모의 책임
부모님은 우리에게 무엇이 필요한지 알고 우리를 잘 기를 책임이 있습니다. 정부는 우리의 부모가 우리를 잘 기를 수 있도록 도와주어야 하며 특히 맞벌이 부모의 자녀들이 좋은 시설에서 자랄 수 있도록 해 주어야 합니다.

19조 폭력과 학대
우리의 부모님이나 보호자가 정신적, 신체적으로 우리에게 폭력을 쓰거나 학대하거나 돌보지 않고 방치하는 일이 없도록 정부는 모든 노력을 해야 합니다.

20조 가족 없는 어린이
부모가 없거나 부모와 함께 사는 것이 우리에게 이롭지 않아 부모와 헤어져 사는 경우 우리는 특별한 보호와 도움을 받아야 합니다.

21조 입양
우리가 입양되어야 할 때, 우리의 입양을 결정하는 곳은 항상 우리가 최고기준이어야 하며 부모나 친척 등 우리와 관련된 어른들의 동의를 얻어야 합니다.

22조 난민어린이
전쟁이나 자연재해 등으로 난민이 되었을 때 우리는 특별한 보호와 도움을 받아야 하며 우리가 가족과 헤어졌을 때 우리에게 가족을 찾아 주어야 합니다.

23조 장애아 보호
우리 몸이나 마음에 장애가 있을 때 우리는 특별한 보호를 받아야 합니다.

24조 영양과 보건
우리는 건강하게 자랄 권리가 있습니다. 충분한 영양을 섭취하고 깨끗한 물을 얻을 수 있어야 하며 병원이나 보건소 등에서 치료받을 수 있어야 합니다.

25조 시설아동 실태 조사
우리를 잘 보호하고 치료하기 위해 정부가 우리를 특정한 시설에서 키우도록 한 경우 정부는 우리가 어떻게 자라고 있는지 정기적으로 조사해야 합니다.

26조 사회보장제도
정부는 우리의 권리를 지켜줄 수 있는 사회보장제도를 만들어 주어야 합니다.

27조 적절한 생활수준
우리는 제대로 먹고 입고 교육받을 수 있는 생활수준에서 자라야 합니다.

28조 교육
우리는 교육받을 권리가 있습니다. 초등교육을 무료로 받을 수 있어야 하며 능력에 맞게 더 높은 교육을 받을 수 있어야 합니다.

29조 교육의 목적
우리는 교육을 통해 인격과 재능, 정신적·신체적 능력을 마음껏 개발하고 인권과 자유, 이해와 평화의 정신을 배울 수 있어야 합니다.

30조 소수민족 어린이
소수민족인 우리는 고유의 문화 속에서 우리의 종교를 믿고 우리의 언어를 사용할 권리가 있습니다.

31조 여가와 놀이
우리는 충분히 쉬고 놀 권리가 있습니다.

32조 어린이 노동
우리는 위험하거나 교육에 방해가 되거나 우리의 몸과 마음에 해가 되는 노동을 해서는 안 됩니다.

33조 해로운 약물
우리는 마약을 만들고 판매하는 행위에 이용되어서는 안 됩니다.

34조 성 착취
우리를 성적으로 학대하거나 성과 관련된 활동에 우리를 이용해서는 안 됩니다.

35조 인신매매와 유괴
정부는 우리가 유괴를 당하거나 물건처럼 사고 팔리지 않도록 모든 노력을 다해야 합니다.

36조 모든 착취로부터의 보호
정부는 우리를 나쁜 방법으로 이용해 우리의 복지를 해치는 어른들의 모든 이기적인 행동으로부터 우리를 보호해야 합니다.

37조 어린이 범죄자 보호
우리에게 사형이나 종신형을 내릴 수 없으며 우리를 고문해서는 안 됩니다. 우리를 체포하거나 가두는 일은 최후의 방법으로 선택해야 합니다. 우리를 어른 범죄자와 함께 가두어 해서는 안 됩니다.

38조 전쟁 속의 어린이
우리는 전쟁지역에서 특별한 보호를 받아야 하며 15세 미만일 때는 절대 군대에 들어가거나 전투 행위에 참여해서는 안 됩니다.

39조 몸과 마음의 회복
우리가 학대 받거나 버려지거나 고문을 당했거나 전쟁 중에 고통 받은 경우 정부는 우리가 몸과 마음을 회복할 수 있도록 모든 노력을 해야 합니다.

40조 공정한 재판과 대우
범죄혐의를 받은 경우 변호사의 도움을 받아야 하고 신속하고 공정한 재판을 받아야 합니다. 우리에게 증언이나 자백을 강요해서는 안 됩니다. 재판과정에서 사생활을 보호받아야 하며 사법절차의 모든 단계를 거쳐야 합니다.

unicef
유니세프한국위원회

이 세상 어린이라면 누구나 마땅히 누려야 할 생존, 보호, 발달, 참여의 권리가 담겨 있는 유엔아동권리협약 포스터다.

정해 놓았습니다. 근로기준법에도 만 18세 미만인 자를 '연소자'로 규정하여 취업 최저 연령 기준으로 정해 놓았지요.

한국 고등학교 2학년생의 경우에는 만 17세이므로 아동이자 청소년이며 미성년자, 연소자에 해당된다고 할 수 있습니다. 한국에서는 나이를 이야기할 때 '만(滿)' 나이를 씁니다. 법률상의 나이는 특별히 앞에 '만'을 붙이지 않아도 모두 '만' 나이를 뜻하지요. '만' 나이란 월과 일까지 계산한 꽉 찬 나이를 말합니다. 그래서 근로 계약을 할 당시 나이를 계산할 때는 연도뿐 아니라 월과 일까지 계산해야 하지요.

근로기준법에서는 원칙적으로 만 15세 미만인 자(초·중등교육법에 따라 중학교에 재학 중인 18세 미만인 자도 여기에 포함됨)는 근로자로 채용할 수 없게 되어 있습니다. 그럼에도 만 15세 미만 청소년을 고용하고자 한다면 취직인허증을 받아야 합니다. 이 규정을 위반할 경우 2년 이하의 징역, 또는 1천만 원 이하의 벌금에 처하게 됩니다. 취직인허증 없이 일했을 경우 법적 책임은 청소년이 아닌 사용자 즉, 고용주에게 있게 됩니다.

18세 미만인 청소년이 취직할 때는 그 연령을 증명하는 가족관계증명서나 주민등록등본 외에 친권자나 후견인의 동의서를 반드시 제출해야 하고 사용자도 사업장 내에 잘 보이는 곳에 비치해 두어야 합니다.

민법상 성년은 20세 이상이므로 20세 미만의 미성년자가 취업할 때는 법정 대리인인 부모 외에 친권자(후견인)가 대신 근로 계약을 할 수 없도록 금지해 놓았습니다. 강제 노동에 시달릴 경우를 대비한 거예요. 미성년자에게 불리하게 근로 계약이 체결된 경우에도 부모나 후견인, 노동부 장관이 이를 해지할 수 있답니다.

알아두기

- **친권자** : 미성년자의 친권을 행사할 수 있는 부모 또는 자녀의 법정 대리인을 말한다. 혼인 중인 부모는 공동으로 부모가 친권을 행사하고 부모의 의견이 일치하지 않을 경우에는 가정 법원이 이를 정한다. 친권자는 미성년 자녀를 보호할 권리와 의무를 갖는다.

- **후견인** : 미성년자에게 친권자가 없거나 친권자가 법률 행위의 대리권 및 재산 관리권을 행사할 수 없을 때에는 후견인을 두어야 한다. 최후로 친권을 행사한 자가 유언으로 지정한 자, 그 지정이 없을 경우 직계 혈족, 3촌 이내의 방계 혈족, 그 지정이 없을 경우 가정 법원이 선임한 자가 후견인이 된다.

- **취직인허증** : 취직이 법적으로 금지되어 있는 청소년에게 고용노동부 장관이 취직을 인정하고 허가해 주는 증서다.

  〈 취직인허증 발급 절차 〉
  ① 고용노동부 홈페이지(www.moel.go.kr)에 접속하여 민원마당 → 서식 민원에서 검색하여 신청서를 출력한다.
  ② 서식서를 친권자 부분까지 작성한 후 재학 중인 청소년은 담임선생님께 제출힌다. 의무 교육 대상자가 아니거나 학교 밖 청소년의 경우 학교장의 서명이 없어도 된다.
  ③ 신청서는 인터넷(고용노동부 홈페이지)이나 팩스 또는 직접 제출하면 된다.
  ④ 각 지역 고용 노동청에서 심사 후, 취직인허증이 발급된다. (처리 기간 3일)

노동 시간

18세 미만 청소년은 원칙적으로 하루 7시간 일할 수 있으며 일주일에 40시간을 초과해서 일할 수 없습니다. 야간에 해당하는 밤 10시부터 다음 날 아침 6시까지 그리고 휴일에는 일을 시켜서는 안 됩니다. 그렇지만 사용자와 청소년이 합의한 경우에는 하루에 1시간씩 일주일에 6시간 범위 내에서 연장 근로를 할 수 있어요. 연장 근로를 포함하여 계산해 보면 하루 8시간, 일주일에 46시간까지 일할 수 있는 거죠.

야간 근로는 2급 **발암 물질**에 해당될 정도로 건강에 나쁘고 특히 성장

기의 청소년에게는 매우 해롭습니다. 그럼에도 청소년에게 야간 근로와 휴일 근로를 시키려면 먼저 청소년의 동의와 함께 고용노동부 장관의 인

사례탐구 노동자들의 눈물로 만들어진 '십자가'

미국의 노동인권 단체인 전국노동위원회(NLC)는 보고서를 통해 성 패트릭 성당과 트리니티 교회에서 판매하는 십자가 같은 **성물**들이 중국 노동자들의 고된 노동으로 만들어졌다고 폭로했다.

이 십자가들은 중국 광둥성 동관에 위치해 있는 공장에서 제작되는데, 이 공장 노동자의 대부분이 여성과 15~16세 청소년이다. 이들은 법정 노동 시간을 초과하여 하루 평균 14~15시간 일하며, 심지어 18~19시간까지 일할 때도 있다. 그렇다 보니 새벽 2시까지 일한 다음, 다시 이른 아침부터 일을 시작하는 날이 비일비재하다. 게다가 야간 노동은 필수고 정해진 휴일도 없어서 하루도 쉬지 못한 채 몇 달을 보내기도 한다. 이들의 평균 일주일 노동 시간은 100시간이 넘고 이중에 절반은 강제 초과 근무에 해당된다. 만약 이를 거부할 경우 하루치 임금이 벌금으로 부과되어 어쩔 수 없이 일할 수밖에 없는 상황에 놓여 있다.

성 패트릭 성당 측은 원산지 표시가 없어서 십자가가 어디서 어떻게 제작되었는지 몰랐다고 주장했다. 하지만 원산지는 알 수 없었다고 해도 십자가를 납품한 중개업체가 중국 쪽 공장에서 제품을 수입한 것은 확인할 수 있었던 것으로 밝혀졌다.

상상조차 할 수 없는 열악한 노동 조건에서 제작된 십자가는 1개당 29.95달러로 한 해 약 46억 달러 정도가 팔려 나간다. 그러나 공장 노동자들이 하루 8시간 기준으로 받는 임금은 2.12달러에 불과하다.

가를 받아야만 합니다. 사용자가 이를 어기고 마음대로 연장, 야간, 휴일 근로를 강요할 경우 2년 이하의 징역, 또는 1천만 원 이하의 벌금을 내야 합니다.

또한, 사용자의 감독하에 있어서 자유롭게 쉴 수 없는 시간은 모두 근로 시간에 포함됩니다. 일을 시작하기 전에 청소를 하거나 일이 끝난 뒤 정리하는 시간, 손님을 기다리며 대기하는 시간, 의무적으로 참석해야 하는 교육 시간 및 회식 시간 등은 모두 근로 시간에 해당되지요.

휴게 시간

근로기준법에는 근무 시간 4시간당 30분, 8시간당 1시간 이상의 휴게 시간을 주도록 되어 있습니다. 점심시간이나 저녁 시간 같은 식사 시간 1시간은 휴게 시간으로 인정됩니다. 그런데 휴게 시간이 무조건 길다고 좋은 것은 아니에요. 악질적인 사장은 손님이 없는 시간에 휴게 시간을 2시간 이상 주면서 월급에서 차감하기도 합니다. 이는 휴게 시간을 너무 짧게 주어 쉬지 못하게 하는 것만큼 나쁜 처사지요. 하지만 손님을 기다리는 시간이나 빈 사무실에서 전화를 받기 위해 대기하는 시간은 근무 시간이지 휴게 시간이 아닙니다. 휴게 시간은 근무 시간에 포함되지 않으며 따라서 월급에 포함되지도 않습니다. 그러나 휴게 시간을 유급으로 인정하는 회사 규정이 있다면 유급이 됩니다. 만약 휴게 시간을 주지 않고 일을 계속 시킬 경우, 또는 휴게 시간을 악용하여 월급을 적게 주는 경우 2년 이하의 징역 또는 1천만 원 이하의 벌금을 내야 합니다.

그런데 우리의 현실은 어떨까요? 식당이나 편의점 등에서 일하는 청

▌ 알바노조에서 부당한 청소년 노동권 침해 문제를 해결하자는 의미의 퍼포먼스를 펼치고 있다.

소년들은 길어야 5~10분 정도의 식사 시간에 허겁지겁 밥을 먹어야 합니다. 혼자서 주문, 계산, 조리, 서빙까지 해야 하는 상황이라 화장실에 갈 시간조차도 없지요. 그래서 화장실에 가지 않기 위해서 근무 시간에는 목이 말라도 물을 마시지 않는 청소년 노동자들도 있답니다.

휴일, 휴가

근로기준법에는 일주일에 평균 1회 이상 유급 휴일을 주도록 되어 있습니다. 한국은 주 5일제를 시행하므로 토요일에 쉬는 곳이 많습니다. 법률상 유급 휴일은 일요일과 5월 1일 노동절뿐이에요. 회사에서 별도로 토요일이나 공휴일을 유급 휴일로 지정하지 않았다면 그날은 휴무일이 되며 쉬더라도 급여가 나오지 않아요.

만약 18세 미만 청소년에게 토요일 근무를 시키려면 고용노동부 장관의 인가 없이 청소년의 동의만 있으면 가능합니다. 그러나 휴일 노동에 대한 50퍼센트의 가산 임금이 적용됩니다.

또한, 1년 이상 일하고 그중 80퍼센트를 일한 경우에는 그다음 해에 연차 유급 휴가를 받을 수 있습니다. 청소년 노동자들의 경우에는 1년 미만으로 일하는 경우가 많은데 그 경우에는 한 달에 60시간 이상, 일주일에 15시간 이상 일하고 한 달을 개근했다면 다음 달에 하루를 유급으로 쉴 수 있습니다. 연차 유급 휴가는 1년 내에 사용해야 하며 사용하지 못했을 경우에는 미사용 연차 휴가 수당을 받을 수 있습니다. 그 외에 법정 휴가로는 여성 근로자에게 해당하는 생리 휴가가 있습니다. 월 1회 무급 휴가이나 노동자와 사용자 간의 합의가 있다면 유급으로 처리될 수도 있어요.

연차 휴가 미지급 시에는 2년 이하의 징역 또는 1천만 원 이하의 벌금이 나옵니다. 생리 휴가 미지급 시에는 500만 원의 벌금을 내야 합니다.

임금

나 열여덟 살 때, 알바를 끝내고 늦은 밤 잠자리에 누울 때면
힘이 들어도 돈 받을 생각에 행복했었지

하지만 월급날 시간이 지나도 통장의 잔고가 바뀌지 않을 때

돈 왜 안 오지 돈 왜 안 오지 되뇌었지

일하는 대로 고생한 대로 받을 거라고 믿고 있었지 그럴 줄 알았지
일하는 대로 고생한 대로 받을 거란 건 거짓말 같았지 고개를 저었지

이 노래 가사는 '말하는 대로'라는 대중가요를 청년유니온의 청소년 알바 지킴이들이 개사한 것입니다. 가사 하나하나에 청소년 노동자들의 절실한 마음이 담겨 있지요.

노동자들이 노동을 하는 이유 중 가장 큰 것은 바로 임금입니다. 자신이 일한 만큼의 정당한 대가를 받는다면 좋겠지만 청소년 노동자의 경우 44만 원 세대라는 말처럼 같은 시간을 일하고도 어리고 미숙하다는 이유로 임금 차별을 받고 있지요.

2015년 한국의 최저 임금은 시간당 5,580원입니다. 2016년도 최저 임금은 6,030원입니다. 청소년이라 하더라도 일을 했다면 반드시 최저 임금 이상은 받아야 합니다. 만약 이를 어겼다면 임금 체불에 해당되어요. 그런데 최저 임금 적용 예외 대상자가 있습니다. 근로 계약 기간이 1년 이상인 수습 근로자의 경우 3개월 동안은 최저 임금의 90퍼센트 지급을 적용받습니다. 고용노동부 장관의 승인을 받은 사업장에서 일하는 중증장애인도 최저 임금 적용 예외자예요.

최저 임금을 받았을 경우에는 주휴 수당이 포함되었는지 알아봐야 합니다. 계산하기 힘들 경우 '최저임금위원회(www.minimumwage.go.kr)'의 '최저 임금 모의 계산기'를 이용하면 쉽게 계산할 수 있어요.

알아두기

임금 지급의 원칙

1. 정기 지급의 원칙 : 임금은 매월 지급하기로 한 날짜에 주어야 한다. 만약 사용자 맘대로 지급 날짜를 바꾸거나 몇 달씩 몰아서 지급하는 것도 임금 체불에 해당된다.

2. 직접 지급의 원칙 : 반드시 일한 청소년 본인에게 지급해야 한다. 직접 지급에는 예외가 없다. 청소년이 일하고 대가는 다른 사람이 받아 가는 강제 노동 착취를 방지하기 위해서다.

3. 통화 지급의 원칙 : 임금은 반드시 사용할 수 있는 돈으로 지급해야 한다. 피자, 치킨 쿠폰이나 구두 티켓, 대형마트 상품권 등의 상품권이나 회사에서 생산하는 제품 등으로 대신 지급할 수 없다. 단, 단체 협약이나 특별히 법령으로 정한 경우는 돈 이외의 것으로 지급할 수 있다.

4. 전액 지급의 원칙 : 법령이나 단체 협약으로 정한 근로 소득세, 각종 보험료, 노동조합비 등을 제외한 손해 배상금이나 급여의 일부분을 떼고 주는 것은 위법이다.

임금은 사용자가 근로자에게 근로의 대가로 임금, 봉급, 그 밖에 어떠한 명칭으로든지 지급하는 일체의 금품을 말합니다. 임금 지급의 원칙을 지키지 않을 경우 사용자는 3년 이하의 징역이나 2천만 원 이하의 벌금을 내야 합니다.

이외에 꼼꼼하게 따져 봐야 하는 것이 있습니다. 연장 근로나 야간 근로, 휴일 근로를 하면 시간당 통상 임금의 50퍼센트를 추가로 지급받아야 합니다. 사용자의 사정으로 휴업을 하게 되는 경우에는 사용자가 근로자에게 평균 임금의 70퍼센트를 수당으로 지급하여야 하지요. 그런데 이런 가산 임금 지급은 5인 이상 사업장에만 해당됩니다.

만약 1주일에 15시간 이상 일하고 1년 이상 계속 근무했다면 퇴직금을 받을 수 있습니다. 퇴직금은 일을 그만둔 후 14일 이내에 지급해야 합니다. 서로 합의에 의해 퇴직금 지급 기일을 연장했다면 정확한 지급일을 명기한 확인서를 받아 두어야 해요. 퇴직금은 고용노동부 민원마당의 '나의 퇴직금 계산'을 활용하여 쉽게 계산할 수 있어요. 일한 기간과 3개월 간 받은 월급 등 관련 정보를 입력하면 바로 계산된답니다. 퇴직금 미지급은 임금 체불에 해당됩니다. 따라서 3년 이내에 언제든지 지급을 청구할 수 있으며, 퇴직금을 지급하지 않으면 3년 이하의 징역이나 2천만 원 이하의 벌금을 내야 합니다.

체불 임금 받기

청소년 노동자들이 노동 현장에서 받은 부당 대우 중 높은 비율을 차지하는 것 중에 하나가 임금 체불입니다. 임금을 적게 받거나 제때에 받지 못한 경우, 또는 최저 임금 미만을 받은 경우, 연장 · 야간 · 휴일 근로 수당, 퇴직금 등을 받지 못하였거나 벌금이나 손해 배상 등으로 임금이 깎인 경우도 모두 체불 임금이라고 볼 수 있어요.

체불 임금은 사업장 관할 노동지청을 방문하거나 인터넷, 우편, 팩스 등으로 신고가 가능합니다. 이때 임금 체불 해결에 필요한 서류나 자료를 충분히 준비해 두는 것이 중요해요. 월급봉투나 급여 통장 사본, 근로 계약서, 취업 규칙, 단체 협약서, 사업주의 정보 등이 필요합니다. 근로

계약서를 쓰지 않고 일을 하였더라도 임금 체불 신고는 가능합니다.

노동청에서는 신고를 받으면 제일 먼저 근로 감독관이 임금 체불의 사실 관계를 조사한 뒤에 보고서를 작성합니다. 그러면 신고자는 보고서를 꼼꼼히 확인한 뒤에 잘못된 곳이 있으면 수정을 요구해야 합니다. 이런 과정을 거쳐 체불 임금이 확정되면, 근로 감독관은 사용자에게 임금을 지급하도록 지시합니다. 그래도 사용자가 임금을 지급하지 않으면 검찰에서 수사와 재판을 통해 **형사 처분**을 받게 되지요. 형사 처분과는 별도로 체불 임금의 지급을 위해 민사 소송을 제기할 수도 있어요.

하지만 회사가 **부도**가 나거나 갑자기 문을 닫는 경우에는 체불 임금과 퇴직금을 받을 수 없습니다. 이때 법원이 파산을 인정했거나 노동부가 도산을 인정한 경우는 사용자가 지급해야 할 임금을 국가에서 대신 지급해 주는 체당금 제도라는 것이 있어요. 이 제도에 따라서 퇴사 직전 3개월의 임금, 3개월의 휴업 수당, 3년 치의 퇴직금을 받을 수 있으며 나이에 따라서 상한액이 정해져 있습니다.

해고

5인 이상 사업장의 경우 정당한 이유 없이 노동자를 해고할 수 없습니다. 반대로 노동자는 언제든 자유롭게 일을 그만둘 자유가 있어요. 그만두겠다는 노동자를 억지로 일을 시키게 할 경우 '강제 노동'에 해당되어 처벌받습니다.

사용자가 노동자를 해고하려면 정해진 절차에 따라 해고 예고를 해야 합니다. 이 규정은 모든 사업장에 해당되어요. 즉, 5인 미만의 사업장이나 고용보험 미가입 사업장, 아르바이트생인 경우에도 모두 적용되지요. 해고 예고란 해고 30일 전에 해고 이유와 해고 시기를 서면으로 통지하는 걸 말합니다. 일반 우편이나 이메일, 휴대폰 문자, SNS, 회사 게시판 이용 등은 서면 통지에 해당되지 않아요. 등기우편이나 직접 노동자에게 전달하는 방법만 인정되지요. 따라서 직접 말로 해고를 통보하는 것도 효력이 없답니다. 해고 예고를 하지 않았을 경우에는 30일분 이상의 통상 임금을 노동자에게 지급해야 하며, 이를 해고 예고 수당이라고 합니다.

그런데 사직서를 쓰면 해고에 해당되지 않아요. 사직서를 쓰면 자의로 회사를 그만두는 것으로 여겨집니다. 따라서 스스로 일을 그만두지 않는 이상 사직서를 쓰면 안 됩니다.

만약 부당 해고를 당했다면 어떻게 해야 할까요? 5인 이상이 근무하는 사업장에서 일하는 경우는 사업장이 속한 관할 지방 노동위원회에 부당 해고 구제 신청을 할 수 있습니다. 해고가 있던 날부터 3개월 이내에 신청해야 하고 부당 해고로 인정받으면 복직하거나 그렇지 않을 경우 해고 기간 동안의 임금을 받을 수 있어요. 월 평균 임금이 170만 원 미만인 노동자의 경우 지정노무사제도를 무료로 이용할 수도 있답니다.

또한 해고 절대 금지 기간이 있습니다. 일하는 중에 다쳐서 그 부상이나 질병을 치료하기 위해 쉬는 기간과 그 후 30일, 출산 전후 휴가 기간과 그 후 30일, 육아 휴직 기간 등입니다. 이 기간에 해고하면 5년 이하의 징역이나 3천만 원의 벌금을 내야 하지요.

〈해고 예고를 하지 않아도 되는 경우〉

1. 일용 근로자로 3개월 동안 계속 근무하지 않은 자

2. 2개월 이내의 기간을 정하여 일한 자

3. 월급 근로자로서 6개월이 되지 않은 자

4. 계절적 업무에 6개월 이내의 기간을 정하여 일한 자

5. 수습 사용 중인 근로자로 3개월 이내인 자

6. 천재, 사변, 그 밖의 부득이한 이유로 사업을 계속하기 어려운 경우

7. 근로자의 귀책 사유로 사회 통념상 고의로 사업에 막대한 지장을 가져오거나 재산상 손해를 끼쳤다고 인정되는 경우

근로계약서 작성

일할 때는 제일 먼저 사용자라 불리는 사장이나 회사 관계자 등과 고용 관계를 맺어야 합니다. 고용자와 피고용자의 관계가 되는 셈이죠. 근로 계약은 이 둘 사이의 계약으로 매우 중요한 과정입니다. 고용에는 직접 고용과 간접 고용이 있습니다.

예를 들면 예전에는 음식점 사장과 얼굴을 보고 근로 계약을 직접 맺었습니다. 이것이 바로 직접 고용이에요. 그러나 요즘은 파견업체를 통해 호텔이나 대형 음식점의 주방 보조로 계약을 맺습니다. 이것을 흔히 파견 사원이라 하고, 이런 고용을 간접 고용이라고 하지요.

간접 고용을 통해 일하게 되면 사용자가 누구인지 잘 알 수 없어요. 그래서 일을 하다가 다치거나 갑자기 해고를 당해도 누구에게 책임을 물어야 할 지 그 소재가 불분명해지지요. 또한 직업 정보업체나 파견업체를

통해 일을 구하면 수수료를 지급해야 해서 실질적 월급이 줄어들게 됩니다. 파견업체나 직업 정보업체의 불확실한 정보로 소개받은 직장에 아무것도 모르고 찾아갔다가 낭패를 본 청소년들도 많습니다. 그래서 근로 계약을 할 때는 꼼꼼하고 신중하게 따져 보는 것이 무엇보다 필요하답니다.

어디서 어떤 일을 하든지 일을 시작하기 전에는 반드시 근로계약서를 작성해야 합니다. 아는 사람이라고 해서 그냥 말로 이야기하고(구두 계약) 넘어가면, 나중에 임금을 제대로 못 받거나 부당한 대우를 당할 경우, 아무 행동도 할 수 없는 일이 생길 수 있다는 걸 명심하세요.

근로계약서 작성 시 유의점

근로계약서를 작성할 때는 언제부터 언제까지 일할 것인지 확실한 근로 계약 기간을 적어야 합니다. 만약 계약 기간이 정해지지 않았다면 일을 시작한 날짜를 계약서에 정확히 기입해야 하지요. 일하는 장소와 어떤 일을 하는지(업무 내용), 몇 시부터 몇 시까지 일하는지(근무 시간-청소년은 1일 7시간, 주 40시간), 휴게 시간은 얼마나 되는지, 정확한 근무 요일과 유급 주휴일 등도 확인합니다.

임금에 해당하는 기본 급여와 상여금 및 수당, 법정 수당인 야간 수당, 휴일 수당, 연차 수당 등이 기재되어 있는지도 살펴봅니다. 주휴 수당의 경우는 법으로 정해져 있어서 계약서에 적혀 있지 않더라도 받을 수 있어요. 하지만 계약서에 "취업 규칙에 따른다."라는 항목이 있을 경우에는 취업 규칙을 반드시 확인해 봐야 합니다.

근로 계약서는 2부를 작성한 뒤 사용자와 노동자가 각각 1부씩 나누어 가집니다. 근로기준법 제 67조에는 18세 미만 청소년과 근로 계약을 맺을 때는 근로 조건을 반드시 서면으로 명시하게 되어 있어요. 계약서 상에 월급이나 노동 시간 등을 기입하지 않고 서명만 하게 하는 등 미완성 계약서를 강요하거나 완성된 계약서라 하더라도 나중에 그것이 노동법을 위반한 계약서임이 밝혀지면 위반한 부분에 한해서는 무효 처리됩니다.

사용자가 근로계약서를 써 주지 않겠다고 하여 근로계약서를 받지 못한 경우에는, 근무 일지 등 일한 내용을 증명할 수 있는 기록을 남겨 두면 좋아요. 혹시나 분쟁이 생길 경우 유용하게 사용될 수 있거든요.

근로계약서를 사용자에게 요구하기가 힘들 때는 청소년 노동자 스스로 근로계약서를 준비해 가는 것도 좋습니다. 노동부 홈페이지에 가면 '연소 근로자(18세 미만인 자) 표준 근로계약서' 양식이 있어요.

그런데 근로계약서를 쓰고 일을 시작해도, 계약서상의 근로 조건과 다른 경우가 종종 있습니다. 정해진 시간보다 일을 더 시키거나, 정해진 장소가 아닌 다른 곳에서 일하게 하거나, 쉬는 날에도 일하도록 강요하거나 업무 이외의 일을 시키는 등 말입니다. 이럴 때는 그냥 참고 넘어가면 안 돼요. 이의 제기 없이 근무하면 회사 측의 근로 조건 변경에 암묵적으로 동의했다고 판단될 수 있어요. 계약 위반 시에는 계약을 취소하고 근로계약서 사본, 사용자의 근로 조건 위반 사실을 증명하는 자료를 가지고 노동위원회에 손해 배상을 청구할 수 있습니다.

근로 계약을 할 때 사용자가 자기에게 유리하게 피사용자에게 서약을 요구하는 경우도 종종 있습니다. 예를 들면 한 달 안에 그만둘 경우에

알아두기

청소년 권리 수첩

　서울시에서 발간한 '청소년 노동 권리 수첩'이다. 직장 내 부당 대우를 예방하고 부당 대우를 받았을 때 적절한 법적 대응 방법, 근로기준법에 따른 청소년 노동 권리 규약을 알기 쉽게 적어 놓았다. 부록으로 청소년이 주로 취업하는 업종들의 안전 가이드라인을 실어 놓은 것이 눈에 띈다.

청소년과 고용주가 함께 알고 지키는 알바 10계명

1. 원칙적으로 만 15세 이상의 청소년만 근로가 가능하다. 만 13~14세 청소년은 고용노동부에서 발급한 취직인허증이 있어야 근로 가능하다.
2. 연소자를 고용한 경우 연소자의 부모님(친권자 또는 후견인) 동의서와 가족관계증명서를 사업장에 비치하여야 한다.
3. 근로 조건을 명시한 근로계약서를 작성해 근로자에게 교부해야 한다.
4. 성인과 동일한 최저 임금을 적용받는다.
5. 위험한 일이나 유해한 업종의 일은 할 수 없다.
6. 일 7시간, 주 40시간 이하로 근무가 가능하다. 연장 근로는 1일 1시간, 주 6시간 이내 가능하다.
7. 근로자가 5명 이상인 경우 휴일 및 초과 근무시 50퍼센트의 가산 임금을 받을 수 있다.
8. 주일에 15시간 이상 일하고, 1주일 동안 개근한 경우, 하루의 유급 휴일을 받을 수 있다.
9. 일하다 다쳤다면 산재보험법이나 근로기준법에 따라 치료와 보상을 받을 수 있다.
10. 부당한 처우를 당하거나 궁금한 사항에 대한 상담은 국번 없이 1350!

(자료 출처 : 서울지방고용노동청)

는 월급을 받지 않는다. 결근할 경우 이에 대한 손배 배상을 한다. 고객에게 항의가 들어오면 벌금을 낸다. 식당의 경우에는 식당 음식을 먹다 들키면 배상한다 등의 서약은 모두 부당 서약에 해당하므로 무효가 됩니다. 특히, 위약금이나 손해 배상액을 계약 시 강요하거나 서약하게 하면 500만 원 이하의 벌금을 내도록 법으로 정하고 있습니다.

간추려 보기

- 근로기준법을 알아 두어야 노동 현장에서 부당한 대우에 대처할 수 있다.
- 근로기준법에는 일할 수 있는 나이, 일하는 시간 등 노동에 관한 제반 내용이 담겨 있다.
- 청소년은 하루 7시간, 주 40시간을 초과해서 일할 수 없다.
- 일을 시작하기 전에 반드시 근로계약서를 작성해야 한다.
- 사용자와 노동자가 직접 계약하는 것을 직접 고용이라고 한다.
- 노동자가 파견업체를 통해 사용자와 계약하는 것을 간접 고용이라고 한다. 요즘은 간접 고용이 늘고 있다.

청소년 노동 현장
얼마나 위험할까?

청소년들의 대표적인 일자리였던 패스트푸드점, 편의점, 주유소 등의 일자리도 최근
엔 이십 대 청년들부터 나이 든 장년층까지 다양한 연령대가 종사하게 되었습니다.
청소년들은 이제 자신을 고용한 사람이 누구인지도 모르는 채로 간접 고용돼 일하는
경우가 많습니다. 특히 오토바이 배달 등 법의 사각지대에 있는 특수 고용 업체에서
일하는 청소년이 많아졌지요. 사업주와 노동자 관계가 아니라 사업주와 프리랜서 관
계로서 보호받지 못하는 위험하고 불안한 일자리로 내몰리고 있어요.

유엔감시기구 시리아인권관측소(SOHR)는 최근 극단주의 무장 단체인 **이슬람 국가**(IS)에 잡혀 가서 자살 폭탄 테러와 전투 등으로 목숨을 잃은 소년병의 숫자가 2015년에만 52명에 이른다고 발표했습니다. 유엔 아동권리협약에서 18세 미만인 자가 적대 행위에 직접 참여해서는 안 되고, 군대는 강제 징집해서는 안 된다고 규정하고 있고, 세계노동기구도 군사적 목적을 위해 18세 미만을 강제로 징집하는 것은 최악의 아동 노동이라고 분류하고 있는데도 말이에요.

소년병

소년병이란 만 18세 미만인 자들로 구성된 군인, 또는 그들로 이루어진 군대를 의미해요. 한국도 육이오 전쟁 당시 강제 징집되거나 애국심으로 자원입대한 소년병들이 존재했어요. 이 소년병들을 '학도병'이라고 불렀지요.

소년병을 정규 국가군에 포함시킨 나라도 있어요. 차드, 코트디부아르, 콩고민주공화국, 리비아, 소말리아, 수단, 영국, 예멘이에요. 특히 영국은 유럽에서 유일하게 16세 이상부터 군대에 지원하여 복무할 수 있어요. 하지만 대부분의 소년병들은 분쟁 지역을 중심으로 존재하며 일부 분쟁 지역은 군인의 70퍼센트가 소년병인 곳도 있습니다.

유엔아동기금에 따르면 정규군이나 비정규군으로 분쟁 집단(정부군 또는 반군 등)에 속해 전투에 참여하고 있는 18세 미만 소년병의 수는 25~30만 명으로 추정된다고 해요.

청소년들이 소년병이 되는 상황은 크게 두 가지입니다. 하나는 내전이나 전쟁으로 인해 달리 일자리를 구할 수 없어 생존을 위해 군인이 되는 경우지요. 또 다른 하나는 무장 단체나 군대에 의해 강제 납치되어 군인이 되는 거예요. 실제 파키스탄의 탈레반은 군인이 되면 한 달에 14만 원을 벌 수 있다고 거짓 소문을 퍼뜨렸고, 시리아의 이슬람 무장 세력은 코란 읽는 법을 가르쳐 주겠다며 청소년들을 유혹했답니다.

무장 단체들은 통제가 쉽고 일반군보다 유지비가 적게 든다는 이유로 소년병을 선호합니다. 또한 전투 전에 소년병들에게 술이나 마약을 먹인 뒤 지뢰 제거, 총알받이, 자살 폭탄 테러에 소년병들을 투입시키고 있어요. 소년병 중 40퍼센트를 차지하는 여자 아이들은 성 노예로 이용되고요. 이렇게 소년병들은 한창 보호받으며 건강하게 자라나야 할 청소년기에 살인 무기로 이용되고, 술과 마약에 중독되어 자신의 꿈을 위해 살아갈 기회마저 박탈당하고 있습니다. 설사 운 좋게 소년병에서 탈출해도 정신적 충격으로 인해 극심한 고통에 시달리며 살게 되지요.

유엔은 2월 12일을 '세계 소년병 반대의 날'로 정하고 레드 핸드 캠페인을 벌이고 있습니다. NGO 단체들도 다양한 방법으로 소년병 문제를

콩고 소년병이 총을 들고 있다. 내전으로 콩고에서는 3만 명의 소년들이 전투에 투입됐다.

해결하기 위해 노력하지요. 월드비전은 북부 우간다에 전쟁 피해 아동 지원 센터를 운영하며 소년병들에게 임시 숙소 제공, 상담과 치료, 직업 훈련 등을 통해 사회로 복귀할 수 있도록 도와주고 있어요. 유니세프는 콩고민주공화국과 징집된 소년병을 풀어 주는 협약을 맺고 소년병 재활에 힘쓰는 등 소년병 제도 종식을 위해 애쓰고 있답니다.

인도의 청소년 노동자

인도의 남부 타밀나두 주에 위치한 시바카시는 폭죽 제조 산업으로 유명합니다. 시바카시는 **디왈리 축제** 기간에 어마어마한 호황을 누리지요. 디왈리 축제는 인도 최대 축제 중 하나인데, 이때 사람들이 폭죽을 많이 사용하거든요.

그런데 문제는 시바카시에 있는 폭죽 제조 업체들이 청소년 노동자를 고용한다는 거예요. 어린이 노동자에게 일을 시켰다가 아동 노동 착취라는 비난을 받게 되자, 어린이 대신 청소년을 고용한 거지요. 유엔아동권리협약에서는 18세 미만을 아동으로 정의하고 있지만, 인도는 14세 미만을 아동으로 정의하고 있어요. 그래서 14세 이상 청소년을 고용해도 처벌받지 않지요.

시바키시의 폭죽 제조사들은 이 점을 이용하여 14세 이상 18세 미만의 청소년들을 고용해서 일을 시키고 있습니다. 청소년 노동자들의 임금이 저렴하고 일하고자 하는 의욕이 강해 노동 생산성 또한 높아서예요.

성인 남자의 절반에 해당하는 임금을 주고, 좁은 작업장에 많은 인원을 밀어 넣고 노동 착취를 하고 있지요. 특히 폭죽은 항상 터질 위험이 있는데도 안전 조치가 없어서 크고 작은 사고가 끊이지 않는답니다. 청소년 노동자가 부상을 당해도 보상받지 못하는 것은 물론이고 해고나 보복이 두려워 아무 말도 못하고 있는 것이 현실이랍니다.

청소년 노동 현장

청소년이 노동을 하는 사업장의 사업주는 청소년에게 강제로 일을 시킬 수 없습니다. 만약 강제로 일하게 했을 경우 5년 이하의 징역이나 3천만 원 이하의 벌금을 내야 하지요.

억지로 일하도록 강요하는 행위에는 때리거나 폭언, 고함 등으로 놀라게 하는 행위, 본인 및 본인과 밀접한 관계에 있는 자에 대한 협박, 가두거나 사표의 수리 거부, 해고 위협, 주민등록증이나 여권 등 노동자의 소지품을 압수하여 보관하는 형태 등입니다. 이렇게 부당한 수단을 사용하여 강제로 일을 시키면 관계 기관에 반드시 신고하고 전문가에게 상담을 받아야 합니다.

여성가족부가 아르바이트 경험이 있는 중·고등학생 652명을 대상으로 아르바이트 실태 조사를 한 결과에 따르면, 일터에서 폭언을 경험한 학생이 11.2%로 가장 많았습니다. 폭행과 성희롱이 각각 4.8%로 그 뒤를 이었고요. 학교 밖 청소년의 경우는 이보다 더 높은 비율을 나타냈어요.

육체적으로 고통을 가하는 것뿐만 아니라 수치심과 모멸감을 유발하는 폭언도 폭행에 해당합니다. 높은 지위를 이용해서 폭행과 폭언을 하는 것은 노동자의 인권을 모독하는 행위예요. 그래서 법으로 처벌받지요. 폭행이나 폭언을 당하면 상해 진단서나 CC TV 영상, 녹음이나 동영상 촬영 등의 자료, 동료의 증언들을 준비하여 지방고용노동청에 신고해야 합니다.

청소년 노동자들은 어리고 다루기 쉽다는 이유로 사업주나 손님들에게 폭언이나 폭행을 당하는 사례가 더 많아요. 특히 여성 청소년들은 성희롱으로 고생하는 경우가 많지요.

육체적 접촉, 옷차림이나 외모에 대한 성적 비유, 음란한 내용의 전화나 문자, 회식 자리에서 무리하게 술을 따르게 하거나 음란한 농담을 하는 것, 외설적인 사진이나 그림 낙서 등을 보여 주는 행위, 팩스나 컴퓨터를 통해 음란 사진이나 그림, 편지를 보내거나 특정한 신체 부위를 유심히 쳐다보는 행위 등은 모두 성희롱에 해당됩니다.

근로기준법에는 직장 내 성희롱 예방 교육을 연 1회 이상 실시하도록 하고 있습니다. 성희롱 행위자에 대한 징계, 피해자에 대한 고용상의 불이익 조치 금지, 고객에 의한 성희롱 방지를 위한 노력을 하도록 규정하고 있고요. 만약 사업주가 직장 내에서 성희롱을 했을 경우에는 1천만 원 이하의 **과태료**를, 고객 등에 의한 성희롱 피해자에 대한 불이익 조치를 했을 경우에는 500만 원 이하의 과태료를, 직장 내 성희롱 피해자에 대한 불이익 조치에는 3년 이하의 징역, 또는 2천만 원 이하의 벌금을 내야 한답니다.

청소년이 일할 수 있는 곳

청소년들이 선호하는 일자리에는 어떤 것이 있을까요? 적게 일하고 돈을 많이 벌 수 있으며 안전한 일터에서 자신의 꿈과 연계된 일을 한다면 더할 나위가 없을 것입니다. 그러나 실제 청소년들에게 제공되는 일자리들은 이런 꿈과는 많이 달라요.

청소년들의 대표적인 일자리였던 패스트푸드점, 편의점, 주유소 등의 일자리도 최근엔 이십 대 청년들부터 나이 든 장년층까지 다양한 연령대가 종사하게 되었습니다. 청소년들은 이제 자신을 고용한 사람이 누구인지도 모르는 채로 간접 고용돼 일하는 경우가 많습니다. 특히 오토바이 배달 등 법의 사각지대에 있는 특수 고용 업체에서 일하는 청소년이 많아졌지요. 사업주와 노동자 관계가 아니라 사업주와 프리랜서 관계로서 보호받지 못하는 위험하고 불안한 일자리로 내몰리고 있어요.

그래서 당장 일자리를 찾기 힘든 청소년들은 유흥업소 등의 유혹에 빠지기도 합니다. 하지만 이런 유흥업소는 법적으로 18세 미만의 청소년이 일할 수 없는 곳으로 정해져 있어요. 만약 이를 어기면 사업주는 근로기

청소년들은 주로 편의점 같은 곳에서 아르바이트를 한다. 하지만 편의점 아르바이트도 점점 다른 연령대 사람들이 끼어들고 있어 구하기 쉽지 않게 되었다.

준법에 따라 3년 이하의 징역 또는 2천만 원 이하의 벌금을 내야 해요.

이렇게 법적으로 청소년이 일할 수 없는 곳은 구체적으로 어디일까요?

우선 청소년보호법에는 만 19세 미만을 청소년으로 규정하고 청소년의 고용이 금지되는 업종들을 규정해 놓았습니다. 치킨 배달 아르바이트를 할 경우, 치킨집이 음식을 조리·판매하는 곳이 아닌 소주방, 호프, 카페처럼 주류의 조리·판매를 목적으로 하는 곳이라면 청소년을 고용할 수 없습니다. 청소년이 주류에 노출될 가능성이 있고, 청소년에게 유해한 근로 행위를 시킬 위험성이 있기 때문이에요.

그 밖에도 청소년 고용이 금지된 곳으로 PC방, 유흥주점, 단란주점,

1995년 엘지전자 제품 공장에서 우리나라 최초의 생식 독성 직업병 사건이 일어났다. 정밀함을 요하는 반도체나 전자 부품은 미세한 먼지나 불순물을 제거하기 위해 반드시 세척 과정을 거친다. 이때 사용되는 세척제인 프레온이 지구 오존층 파괴의 주범이어서 새로운 세척제를 일본에서 수입했다.

그런데 새로운 제품을 사용한 뒤로 부품 조립 부서에서 일한 25명 중 90퍼센트에 가까운 22명이 생식 장애에 걸리는 일이 발생했다. 여성 노동자들의 집단 월경 이상 증세 및 남성 노동자들의 정자 감소증, 무정자증, 정자 운동성 감소증, 고환 조직 이상 등이 나타난 것이다.

알고 보니 무해하다고 알려진 2-브로모프로판에 독성 물질이 들어 있었던 것이다. 일본 회사 측의 말만 믿고 아무 검증 없이 2-브로모프로판을 들여온 결과였다. 나중에 알아보니 아무 장비 없이 작업하는 엘지전자 공장과 달리 일본에서는 안전 장비를 착용하고 작업한 것이었다. 이 사건으로 인해 2-브로모프로판은 불임을 유발하는 세계 최초의 생식 독성 직업병으로 알려지게 되었다.

비디오방, 노래방, 전화방, 무도장업, 숙박업, 이용업, 목욕장업 중 안마실 등이 설치된 곳, 유독물 제조 판매업, 티켓 다방, 주류 판매 목적의 소주방·호프집·카페, 종합게임장, 만화방 등이 있어요.

또한 위험하거나 건강에 유해할 수 있는 고압 작업, 잠수 작업, 18세 미만의 운전(조종) 면허 취득을 제한하고 있는 업종의 운전(조종) 업무, 교도소 또는 정신병원, 소각 또는 도살 업무, 유류(기름)을 취급하는 업무

(주유소 제외), 2-브로모프로판 취급 또는 노출 업무 등을 하는 곳에서도 청소년을 고용할 수 없답니다.

안전하게 일할 권리

청소년들이 근로기준법에 준하는 일자리를 찾았더라도 위험이 사라진 것은 아닙니다. 어디서 일하든 일터에는 항상 위험한 요인들이 곳곳에 도사리고 있어요. 아르바이트 경험이 있는 학생들 중 11.9퍼센트가 사고 경험이 있다고 합니다. 그런데 사고를 당했을 때, 자신이나 부모님의 돈으로 치료하였다는 응답자가 절반이 넘었어요. 이럴 경우 산재보험으로 처리하거나 사용자가 치료비를 부담해야 하는데도 말이에요.

일하는 과정에서 발생하는 부상, 질병, 신체 장애, 사망 등을 업무상 재해라고 해요. 업무상 재해가 일어나면 산재보험을 통해 보상받을 수 있어요. 근로기준법에는 노동자가 일하다가 잘못하여 다친 경우, 사용자가 산재보험에 가입하지 않은 경우, 아르바이트생, 현장 실습생, 임시직 등 비정규직인 경우, 외국인의 경우에도 산재보험으로 보상받을 수 있다고 되어 있습니다. 만약 치료 기간이 4일 미만이어서 산업 재해로 보상받을 수 없을 때는 근로기준법에 의하여 사용자가 직접 보상해 주어야 한답니다. 헌법과 노동법, 산업안전보건법에는 노동자들이 직장에서 안전하게 일할 수 있는 권리를 보장하고 있어요. 이것은 청소년 노동자에게도 똑같이 적용되지요.

더불어 업무상 재해를 예방하기 위한 안전 교육과 노동자 스스로도 항상 조심하는 주의가 필요합니다.

청소년 재해 방지 노력

미국 캘리포니아의 '청소년 노동자 건강과 안전 지원센터(http://youngworkers.org)'에서는 청소년들이 일하다가 부상당하고 사망하는 일이 일어나지 않게 다양한 활동을 펼치고 있습니다.

청소년들에게는 어떤 산재를 당했는지 실제 사례를 통해 대처 방안을 알려 줍니다. 청소년들이 주로 일하는 레스토랑이나 호텔 청소 용역, 자동차 수리점, 농장, 편의점 등에서 일어날 수 있는 산재 사고를 그림과 함께 설명해 주지요. 그러면서 산재를 예방할 수 있는 안전 교육과 산재 발생 시 도움받을 수 있는 기관들을 사례별로 알려 줍니다. 이외에도 일할 때 어떻게 위험을 예지하고 피할 수 있는지, 사고가 났을 때 응급 대처법, 일자리 여건 개선을 위해 고용주에게 건의하는 방법, 노동자의 인권과 책임 등에 대한 교육도 실시하고 있답니다. 또한, 캘리포니아의 14~18세의 청소년들을 대상으로 매년 청소년 노동 안전에 관한 포스터를 공모하여 청소년 스스로 안전 의식을 높이도록 하고 있지요.

청소년들에게 일어나는 업무상 재해

오토바이 배달은 청소년들 사이에서 가장 선호되는 직종 중의 하나면서, 사고 위험 또한 매우 높은 일입니다. 정해진 시간에 많은 배달을 시키고 싶어 하는 사업주의 욕심과 스피드를 즐기고픈 청소년의 욕구가 절묘하게 맞아떨어져 사고가 일어나기 쉽지요.

그래서 2011년과 2012년 연이어 피자업체와 치킨업체 대표들이 만나 소위 '30분 이내 배달제'를 폐지했습니다. 배달 시 일어나는 이륜차 사망 사고를 줄이기 위해서였죠. 이와 함께 배달 안전 교육을 실시하고 캠페인을 한 결과 이륜차 사고 발생률이 현저히 줄어들었어요.

하지만 최근 들어 배달앱이 줄줄이 등장하면서 '30분 이내 배달제'가 부활했어요. 그 바람에 다시 배달 청소년들이 신속 배달 서비스로 인해 목숨까지 위협받게 되었지요. 배달 시간에 쫓기어 교통안전을 무시하기 일쑤니 당연히 사고 위험이 높아질 수밖에 없답니다.

그 밖에도 주방에서 일할 경우 화상을 입거나 미끄러짐, 베임, 절단, 끼임 등의 사고를 당할 수 있습니다. 서빙을 할 때는 젖은 바닥에 미끄러지거나 뜨거운 음식물을 나르다가 화상을 입을 수도 있고요. 주유소에서는 차들로 인해 뜻하지 않은 교통사고가 일어나기도 하지요. 기계나 기

▌청소년 배달원이 빠른 속도로 오토바이를 운전하며 배달하고 있다.

구, 차량을 이용해 작업하는 경우에는 타박상, 찢어짐, 찔림, 외상 등을 당하기 쉬워요.

업무상 사고와 질병

이렇게 작업 중 사고가 일어난 경우 산재로 인정받는 데는 두 가지 경우가 있습니다. 하나는 업무상 사고입니다. 업무상 사고에는 업무를 하던 중 발생한 사고뿐만 아니라 사무실이 아닌 사용자가 제공한 휴게실이나 화장실, 계단 등에서 발생한 사고도 포함되어요. 사용자의 지시에 의해 참여한 행사나 준비 중에 일어난 사고, 그외 업무 중에 발생한 사고(화장실에서 용변을 볼 때 생긴 사고, 시설물 결함 관리 소홀로 인한 사고, 건물 입구에 쌓여 있는 눈으로 인한 사고, 통근버스 대기 장소로 가던 중 일어난 사고, 행사 참석 후 귀가 도중 일어난 교통사고, 회식 자리의 음주 사고, 휴게 시간에 족구나 배드민턴을 하다가 당한 사고 등) 등을 말해요.

다른 하나는 업무상 질병입니다. 업무상 노동자의 건강에 장해를 일으킬 수 있는 요인을 취급하거나 그에 노출되어 발생한 질병, 업무상 부상이 원인이 되어 발생한 질병, 그외 업무와 관련되어 발생한 질병(고혈압이 있는 자가 과로로 심혈관계 질환을 일으켜 사망한 경우, 서서 일하는 노동자의 근골격계 질환, 기타 유독성 물질로 인한 질병, 잠수 및 공중 작업 등 이상 기압으로 인한 질병, 퇴사 압력이나 직장 내 따돌림, 업무 관련 정신적 충격과 같은 직장 내 스트레스로 인한 우울증) 등이 해당되지요.

근골격계 질환이란 근육이나 뼈, 인대, 힘줄 등에 무리가 가서 생기는 질병입니다. 직장에서 반복된 작업을 하거나 무거운 물건을 드는 작업,

부적절한 자세에서 오래 일하게 될 때 근골격계 질환이 발생해요. 그 외에도 장시간 오래 서 있거나, 진동에 지속적으로 노출될 때 걸릴 수 있어요. 물건을 들고 올라가 쌓거나 내려오기를 반복해야 하는 택배 업무나 하루 8시간 이상 서서 일해야 하는 편의점 아르바이트 등 청소년 노동자들도 근골격계 질환에서 자유로울 수 없지요. 이런 질환들은 서서히 시

사례탐구 대우조선 현장 실습생 사망 사고

2013년 2월 7일 경남 거제시에 있는 대우조선해양조선소에서 19세의 고등학생 하청노동자가 추락해 사망하는 사고가 일어나 충격을 주었다. 이 학생은 입사한 지 두 주밖에 안 되어서 건조 중인 컨테이너 선 안쪽 벽에서 26미터 아래로 추락해 현장에서 즉사했다. 이제 갓 수능시험을 치르고 고등학교 졸업을 앞둔 상태였다.

회사 측은 목격자가 없다는 이유로 산재를 부인했다. 하지만 노조 측은 수주 물량을 맞추기 위해 어린 노동자가 충분한 안전 교육 없이 현장에 투입되어 발생한 사고이므로 산업 재해가 확실하다고 주장했다. 이 작업장에서는 이전 달에도 입사한 지 한 달밖에 안 된 20대 젊은 노동자가 작업 도중 235톤짜리 선박블록이 머리에 떨어져 그 자리에서 숨지는 사고가 있었다.

이렇게 연속적으로 일어난 노동자들의 산재 사망 사건으로 대우조선은 명품 선박을 건조하기 위해 노동자의 안전을 희생하는 '살인 기업'의 이미지를 얻게 되었다. 경실련의 발표를 보면 2010년 6명, 2011년 5명이 사망하는 등 대우조선은 동종업계에서 평균 사고율을 훨씬 웃도는 산재사고율을 보여 왔다.

작되어 나중에 질병으로 나타나거나 어느 날 갑자기 강한 강도의 일을 할 때 큰 부상으로 나타날 수 있습니다. 불편한 자세에서 오래 일하지 않도록 주의하고, 반복 작업을 할 때는 틈틈이 휴식을 취해야 한답니다.

산재 보험 급여 신청하기

일하다가 다치게 되면 산재 보상 신청을 할 수 있으며 이 신청권은 노동자 또는 보호자에게 있습니다. 만약 사업주가 이를 처리하지 않거나 산재 신청에 동의하지 않아도 노동자가 직접 신청할 수 있어요. 산재 보상 신청을 할 때는 일하는 곳의 관할 근로복지공단에 신청서를 제출하면 됩니다. 산재 신청을 할 때는 다음 사항을 꼭 기억하세요.

첫째, 산재 보상 신청은 재해가 발생한 날로부터 3년 이내에 신청해야 합니다. 일하다 다쳐서 일을 그만두었거나 일하던 곳이 문을 닫아도 보상은 가능합니다. 둘째 산업 재해인지 아닌지는 근로복지공단에서 판단합니다. 산재 보상 신청을 했다고 해서 무조건 다 보상을 받는 건 아니에요. 위에서 이야기한 업무상 사고나 업무상 질병에 해당되는지 아닌지 판단하기 위해서는 객관적인 증거들이 필요해요. 이를 위해 따로 증거가 될 만한 것들을 준비해 두는 것이 필요합니다. 언제, 어떻게, 어디서, 왜 다쳤는지 꼼꼼하게 기록해 두어야 하지요. 119 응급차량을 이용하였을 경우 차량 이용 기록이 증거로 사용될 수도 있어요. 병원에서는 반드시 다친 상황과 일하다 다친 것임을 꼭 밝혀야 합니다. 현장 사고의 사진이나 사고 목격지의 진술도 증거 자료가 될 수 있답니다. 셋째 노동조합이 있다면 도움을 받을 수 있습니다. 때에 따라 노무사나 변호사 같은 전문가의 상담도 도움이 되지요.

산재 신청서 양식에 회사의 확인 도장을 받는 곳이 있는데 회사에서 도장을 찍어 주지 않으면 '날인 거부'라고 쓴 뒤 제출하면 됩니다. 또는 치료받는 병원에서 산재 신청을 대행해 줄 수도 있어요. 병원 원무과 산재 담당자에게 상담해서 도움을 받아도 좋아요.

만약 치료가 끝난 뒤 다시 일하러 나갔을 때, 사업주가 일방적으로 해고를 하면 이는 위법입니다. 치료가 끝난 뒤 30일이 지나기 전에는 어떤 이유로도 해고를 못하도록 근로기준법에 명시되어 있어요. 아르바이트생뿐만 아니라 현장 실습생에게도 산재보험은 똑같이 적용된답니다.

알아두기

산재 보험 급여의 종류

· 요양 급여 – 업무상 재해가 완치될 때까지의 치료비
· 휴업 급여 – 치료를 받기 위해 일하지 못할 경우 필요한 생계 보호 자금
· 상병 보상 연금 – 치료를 시작하고 2년이 지나도 치유가 되지 않았을 때 휴업 급여를 대신하는 비용
· 장해 급여 – 업무상 재해로 치료를 받았으나 장해가 남았을 경우 지급되는 비용
· 간병 급여 – 치료를 끝낸 산재 근로자의 치료 후 필요한 간병비
· 유족 급여 – 업무상 재해로 근로자가 사망하였을 때 유족의 생활 보호를 위한 자금
· 장의비 – 근로자가 사망하였을 경우 장례에 소요되는 비용

4대 보험이란?

일자리를 구하다 보면 4대 보험 보장이란 문구를 보게 됩니다. 국민연금보험, 국민건강보험, 고용보험, 산재보험을 말합니다. 산재보험은 직장에서 일하다가 다치거나 질병을 얻게 되었을 때 보상해 줍니다. 고용보험은 직장에서 개인 사정으로 실직한 것이 아니라 직장 사정상 해고되었을 경우 실업 급여를 지급합니다. 국민연금보험은 직장에 다니든지 안 다니든지 상관없이 납부하게 되며, 10년 동안 납부하면 65세 이상이 되었을 때 매달 연금으로 받을 수 있습니다.

산재보험은 법적으로 사업주가 전액 납부합니다. 나머지 3대 보험은 사업주와 직원이 절반씩 납부하지요. 4대 사회보험 정보연계센터(www.4insure.or.kr)의 자료실에 있는 4대 보험 모의 계산기를 이용하면 자신의 보험금이 얼마나 들어가는지 알 수 있답니다.

간추려 보기

- 유엔아동기금에 따르면 18세 미만 소년병의 수가 25~30만 명에 이른다.
- 청소년의 대표적인 일자리였던 패스트푸드점, 편의점 등에 다양한 연령대가 일하게 되면서, 청소년들은 위험하고 불안한 일자리로 내몰리고 있다.
- 업무상 사고를 입거나 질병이 걸리면 산재보험 혜택을 받을 수 있다.

모두가 즐겁고
평등하게 일하는 세상

청소년도 이제는 노동 시장에서 노동자로 당당히 대우받아야 합니다. 이미 정부와 관련 단체들도 청소년 노동자의 인권 보호의 중요성을 인식하고 각종 대안들을 내놓고 있어요. 그렇다면 모두가 즐겁게 일하는 세상, 청소년이 안심하고 일할 수 있는 세상을 위해서 어떤 노력들이 필요할까요?

5

CHAPTER

여성가족부가 조사한 바에 따르면 2015년 청소년 아르바이트 부당 행위 발생 건수는 1만 5,755건으로 2013년 7,173건에 비해 2배 이상 증가한 것으로 나타났습니다. 부당 행위 사업장도 일반 식당, 편의점, 치킨, 피자업체, PC방, 판매 매장, 제조 공장, 복합 매장, 배달 대행업체 등의 순으로 부당 행위 빈도수가 증가했어요.

근로기준법에는 만 15세 이상의 청소년은 아르바이트 기간이나 시간에 상관없이 최저 임금을 받을 수 있고, 주휴일 보장과 산재 보장을 받을 수 있도록 되어 있습니다. 하지만 실제로는 법이 잘 지켜지지 않지요. 게다가 사업주의 폭언과 폭행, 성희롱 등으로 인한 인권 침해 사례가 지속적으로 보고되고 있고요.

청소년도 이제는 노동 시장에서 노동자로 당당히 대우받아야 합니다. 이미 정부와 관련 단체들도 청소년 노동자의 인권 보호의 중요성을 인식하고 각종 대안들을 내놓고 있어요. 그렇다면 모두가 즐겁게 일하는 세상, 청소년이 안심하고 일할 수 있는 세상을 위해서 어떤 노력들이 필요할까요?

일하는 청소년에 대해 편견은 NO!

청소년 하면 먼저 떠오르는 것은 학교입니다. 한국 사람들은 대개 청소년이면 당연히 학교에 다니면서 공부를 해야 한다고 생각하지요. 학생의 본분인 공부를 열심히 해야지 왜 일하려 하느냐며 일하는 청소년을 곱지 않은 시선으로 봅니다. 하지만 탈학교 학생 7만 명 시대인 지금 청소년들에게 학습에만 전념하라고 강요하는 것이 옳은 걸까요?

유럽 선진국에서는 일찍부터 진학 대신 사회에 나와 청소년들이 노동자로서 떳떳하게 살 수 있도록 장려하고 도와주고 있습니다. 이제 우리 사회도 청소년 노동을 일탈로만 여길 것이 아니라 어떻게 하면 청소년들을 존중받는 노동자로 살아가게 도와줄 것인가 고민해야 할 때가 되었습

청소년 때의 노동 경험은 성인이 되어서까지 영향을 준다. 그러므로 사회가 청소년이 존중받는 노동자로 살 수 있도록 도움을 주어야 한다.

니다.

일을 처음 시작할 때는 나이가 많든 적든 일이 서툴 수밖에 없습니다. 그런데 청소년이 일한다고 하면 어려서 일을 잘 못할 거라 생각하고 부당한 대우를 하는 경우가 많아요. 청소년을 고용하는 사업주들은 청소년들이 어려서 무슨 말이든 고분고분 잘 들을 것이라는 생각하지요. 게다가 청소년들이 고용해 준 것만으로도 고마워할 거라는 생각에 노동법을 무시하기 일쑤고요. 하지만 이것은 분명 잘못된 생각입니다.

어릴 때부터 일터에서 부당한 대우를 받고 자란 청소년은 어른이 되면 똑같이 부당한 대우를 받아도 어쩔 수 없다고 생각하기 쉽습니다. 이것은 건강한 노동 현장을 만들어 가는 데 해가 되지요. 성숙한 사회일수록 어린 청소년들을 정당하게 대해 주는 어른들과 사회 분위기가 필요합니다. 그래야 청소년들이 다시 이 사회에서 성숙한 어른으로 자신의 일에 긍지와 자부심을 느끼며 살아갈 수 있기 때문이에요.

일할 권리

어른들은 왜 일을 할까요? 노동은 돈을 의미하며 또 생존을 뜻합니다. 사회에서 살아가려면 노동하지 않고는 살 수 없어요. 청소년들도 같은 이유에서 노동을 합니다.

고용노동부 통계를 살펴보면 2013년 우리나라 청소년 중 아르바이트 경험률은 재학생이 27.4퍼센트, 학교 밖 청소년이 62퍼센트, 특성화 고등학교 학생들은 53.8퍼센트였습니다. 이제 청소년 노동은 일반화된 '현상'인 셈입니다. 청소년들은 음식점 서빙, 전단지 돌리기, 편의점 점원,

▌청소년은 공부할 권리뿐만 아니라 일할 권리도 있다.

주차 요원 등 저임금 아르바이트에 널리 종사하고 있었으며, 그 수도 90만에 이른답니다.

그런데 우리나라를 비롯한 아시아 지역의 부모들은 자녀가 고등 교육을 통한 안정된 일자리에 취직하는 것을 성공으로 여깁니다. 몸을 쓰는 노동을 하찮게 여기는 경우가 많아요. 그렇다 보니 일찍부터 직업 갖는 것을 탐탁지 않게 생각하지요. 오히려 일할 시간에 공부하기를 바라지요. 그러나 청소년 헌장에 따르면 청소년은 "일할 권리와 직업을 선택할 권리를 가진다."라고 명시되어 있습니다. 일을 할지 말지는 청소년의 권리라는 것이죠.

청소년들이 일하는 이유는 다양합니다. 고용 유연화, **임금 피크제,**

노동법 개악 등으로 우리 사회는 점점 노동 빈곤에 시달리는 체제로 변해 가고 있어요. 예전에는 가장 한 사람이 일해도 가족 모두가 살아갈 수 있었지요. 그러나 지금은 맞벌이가 선택이 아닌 필수가 되어 버렸습니다. 그렇다 보니 생존을 위협받는 처지에 몰린 청소년도 많고, 가정 형편에 보탬이 되기 위해 용돈 정도는 스스로 벌려는 청소년들도 늘어나고 있어요.

그런데 용돈을 벌기 위해 일한다고 하면 놀기 위해 돈을 번다고 생각하는 어른들이 있습니다. 청소년들에게 용돈이란 어떤 의미일까요? 친

사례탐구 레스토랑 피프틴(Fifteen)

영국의 유명한 요리사 제이미 올리버는 텔레비전 요리 프로그램을 통해 소외된 불량 청소년들을 요리사로 키워 내는 프로그램을 기획했다. 놀랍게도 16~24세 사이의 알코올과 마약 중독자, 가출 청소년 1천여 명이 이 프로그램에 신청했다. 올리버는 프로그램의 모든 과정을 성공적으로 이수한 15명의 청소년들에게 런던에 4층짜리 레스토랑 '피프틴(Fifteen)'을 제공했다. 그 후 피프틴은 전 세계 사회적 기업가들뿐만 아니라 관광객과 미식가들이 찾는 명소가 되었다. 소외된 청소년들에게 자립의 희망을 주는 '피프틴'은 영국 각지에 지점을 둘 만큼 인기가 높아졌다. 한 텔레비전의 프로그램을 통해 청소년들이 요리사 훈련 과정 및 심리 상담의 기회를 얻을 수 있었다. 그리고 그 청소년들은 이제 유럽 각지에서 요리사나 레스토랑 매니저로 활약하고 있다.

구와 영화도 보고, 책도 사고 외식도 하는, 사회적 관계를 유지하는 데 꼭 필요한 비용입니다. 그런데도 청소년들의 노동을 '용돈 벌이'라는 식으로 폄하하는 것은 옳지 않아요. 지금이라도 청소년 노동에 대한 편견을 버리고 청소년 노동 현실을 새롭게 인식할 필요가 있습니다. 우리 청소년들이 더 나은 일자리 환경에서 즐겁게 일할 수 있게 말입니다.

청소년의 일자리를 지원하는 기업들

'나눌레몬'은 위기 청소년과 수제차를 함께 제조하며 아이들의 심리적, 경제적 자립을 지원하는 한국의 사회적 기업입니다. 한국의 가출 청소년은 20만 명 이상으로 추정됩니다. 가정과 학교에서 폭력에 시달리고, 왕따를 당하거나 교우 관계 등에 문제가 있어서 집을 나와 거리를 방황하고 있지요. 이들은 최소한의 의식주를 해결하기 위해 열악한 근로 환경에서 제대로 대우받지 못하며 일을 하거나 생계형 범죄 또는 성매매 등에 노출되기 쉬워요. 돈을 벌려고 해도 돈 버는 방법을 모르거나 일하려 해도 보호자의 동의가 있어야 하는 청소년이라는 것이 약점이 되어 부당 노동에 시달리기도 합니다. 나눌레몬은 이런 위기에 처한 가출 청소년들을 고용해 경제적 자립을 지원하고 있습니다. 청소년들과 함께 제품의 생산 공정을 함께하며 책임감과 협동심, 인내심 등을 길러 주고 사회에 적응해 나갈 수 있도록 지원하고 있지요.

오요리 아시아(오가니제이션요리)는 빈곤 여성이 경제적 사회적으로 자립할 수 있도록 돕는 사회적 기업입니다. 오요리 아시아는 탈학교, 이주여성 대상 직업 교육을 실시하던 서울 시립청소년센터 '하자센터'에서 시

▌아시아의 빈곤 여성 및 청소년의 사회·경제적 자립을 지원하고 있는 오요리 아시아의 홈페이지

작되었어요. 지금은 한국, 태국, 네팔 등에 매장을 내고 취약 계층의 청소년과 여성을 고용하여 운영하고 있습니다. 태국과 미얀마 국경 지대에는 태국으로 넘어오는 미얀마 사람들이 많아요. 그중에는 15세도 안 된 미얀마 소녀들이 식당에서 불법으로 일하고 있어요. 신분이 들통 날까 봐 먹고 자는 것 외에는 월급도 제대로 받지 못한 채 말이에요. 오요리 아시아는 이런 어려운 처지의 청소년 노동자들을 돕기 위해 레스토랑, 케이터링, 카페 등을 운영합니다. 여기서 얻은 수입으로 더 많은 일자리를 창출하고 직업 교육에 투자하고 있어요.

이렇게 나눌레몬과 오요리 아시아처럼 청소년들이 안심하고 일할 수 있는 일자리를 발굴하고 근로 계약을 잘 지키는 모범 사업장에는 인증마

크와 인센티브를 주는 제도가 필요합니다.

더불어 열악한 아르바이트 청소년들의 근로 환경을 개선하기 위해 지속적이고 철저하게 근로 지도 감독이 이루어져야 합니다. 저임금, 장시간 노동 등 부당 행위를 하는 기업들에 대해서는 블랙기업 공시를 통해 기업과 사업주의 책임을 강화하는 등 관련 제도를 개선해야 하고요.

일자리 창출을 위한 정부의 노력

청소년들의 안전한 일자리 창출을 위해서는 정부의 노력이 절대적으로 필요합니다. 정부가 직접 나서서 청소년을 위한 일자리를 소개하고 고용을 촉진할 수 있는 다양한 방법을 연구해야 하지요. 한국의 청소년들은 일자리를 구하기 위해서 알바천국이나 알바몬 같은 아르바이트 소개 전문 사이트에 의존합니다. 하지만 국가가 나서서 신뢰할 수 있는 전문기관을 설치하고 돕는 것이 청소년 노동 안전과 보호에 더 도움이 되어요.

미국 매사추세츠 주에서는 2010년 청소년 범죄가 많이 일어나고 있는 25개 도시를 선정하여 그곳에 사는 4~21세까지의 청소년 4,700명에게 일자리를 제공하였습니다. 패트릭 주지사는 "일자리는 청소년들의 성공에 필요한 윤리와 기술을 배울 수 있게 한다."고 말하며, 주 예산과 연방 정부의 보조금을 사용하여 청소년들이 캠프장이나 레크리에이션 센터에서 일할 수 있도록 했어요.

캐나다는 SCCY(Service Canada Centre for Youth)라는 기관을 두어서 15~30세 사이의 청소년들과 청년들의 고용을 돕는 일을 하고 있습니다. 이민이나 장애 등으로 취업이 어려운 청소년들을 우선 고용할 수 있도록 블랙기업이라는 말은 곤노 하루키가 자신의 책 《블랙기업 − 일본을 먹어 치우는 괴물》에서 처음으로 쓴 말이다. 하루키는 젊은 노동자에게 비합리적이고 비합법적인 노동 행위를 의도적·자의적으로 강요하는 기업, 노동 착취가 일상적·조직적으로 이루어지는 기업을 블랙기업이라고 정의했다. 한마디로 노동자에게 가혹한 노동 조건을 강요하는 기업을 말한다.

일본 애니메이션 제작사인 A−1 픽쳐스사는 한 직원에게 월 600시간, 하루에 20시간 이상의 일을 시켰다. 이 직원은 결국 2010년 자살했고 A−1 픽쳐스사는 블랙기업으로 선정됐다. 한국에서도 중소기업중앙회의 부당 노동 계약으로 20대 여직원이 자살하자 청년유니온을 중심으로 한국형 블랙기업을 제보하는 온라인 홈페이지를 개설하고 블랙기업 신고 운동에 들어갔다.

돕고 있으며 학교 학생 외에도 **워킹 홀리데이 비자**로 입국한 학생들의 취업도 도와주고 있답니다. 3명 이상의 청소년이 요청하면 취업에 관한 세미나도 열어 주고 가드닝이나 베이비시팅, 패스트푸드 식당 종업원, 소규모 세일즈맨 등 학생들을 고용하기 희망하는 업체들과 학생들을 연결해 주기도 하지요. 이와 함께 이력서 작성이나 고용 인터뷰 등에 대한 정보도 꾸준히 제공하고요.

싱가포르는 입학 시험을 통해 상급 학교로 진학하는 한국과 달리 졸업 시험을 통과해야만 상급 학교로 진학할 수 있습니다. 그래서 정부는 초등학교 졸업 시험인 PSLE(Primary School Leaving Education)를 통과

하지 못한 청소년들을 대상으로 한 직업 훈련 학교를 설립했어요. 보통 3~4년의 과정으로 직업 교육, 인성 교육, 교과 교육으로 이루어지며, 직업 교육 과정을 통해 다양한 직업 기술을 배울 수 있답니다.

한국도 각 지자체별로 청소년 대상 직업 박람회를 열거나 특성화 고등학교에 직접 찾아가 취업 준비에 실질적 도움을 줄 수 있는 커리어 코칭 과정을 개설하는 등 청소년 일자리 창출을 위해 노력하고 있습니다.

노동 인권 교육

2007년 경제사회발전 노사정위원회에 참석한 한국노총과 한국경총, 노동부는 공동으로 교육부에 건의서를 보냈습니다. "노동을 통한 자아실현과 그 사회적 의미에 대한 교육이 제대로 이루어져야 올바른 노동관과 직업관이 형성될 수 있다."며 노동 교육의 강화를 제안했지요. 2010년에는 국가인권위원회에서 중·고등 교육 과정에 노동 인권 교육을 포함시킬 것을 권고했으나 아직까지 이루어지지 않고 있어요.

영국에서는 2002년부터 '시민 교육'이 정규 교과 과정에 도입되었습니다. 노동 교육의 경우 10~11학년의 학생들을 대상으로 작업장에서 사용자와 노동자의 권리와 책임, 청소년 노동 인권과 아르바이트 시 점검 목록, 노동자 상담과 지원 센터 등에 대한 정보, 노동조합과 노사협의회, 산업 안전 및 노사 분쟁 등 노동 시장 갈등 관리 체계에 대해 배우지요.

프랑스에서도 중학생에게 노동자의 권리와 자유, 평등에 대해 가르칩니다. 고등학생이 되면 근로계약서 같은 좀 더 구체화된 노동 교육을 시키고요.

미국은 '시민론'이라는 교과서에 노동조합의 형성과 노사 관계, 노사 관계법 변천사, 노동조합의 현주소 등을 다루고 있습니다.

독일은 자립적인 사회 구성원으로서 자아실현을 추구할 수 있는 전제 조건을 갖추게 하려는 목적으로 '노동'을 중요한 주제로 다루고 있습니다. 노동의 기술적인 측면을 가르치는 한편, 직업 선택을 통해 미래의 노동을 준비하게 하지요. 사회 과목에서는 노동의 사회·정치적 측면을 가르치고요.

최근 한국에서도 학교 밖에서 다양한 노동 인권 교육이 이루어지고 있습니다. 청소년 노동인권네트워크 같은 곳에서는 청소년 노동 인권과 노동 안전 교육 등 다양한 강좌를 통해 전국적으로 노동 인권 교육을 진행하고 있습니다. 청소년 상담복지센터나 근로자복지센터, 청소년유니온 같은 여러 노동 관련 단체들도 청소년 노동 인권에 대한 강좌를 열고 있지요.

그러나 최근 들어 빈번해진 청소년 대상 노동 인권 교육은 최저 임금과 근로기준법에 대한 안내에만 집중되어 있어서 근로기준법만 잘 지키면 모든 게 다 해결된다는 식의 인상을 줍니다. 그런데 청소년 노동자들이 일하는 곳은 대개 5인 미만의 영세 사업장인 경우가 많습니다. 이런 곳은 사업자가 연차 유급 휴가를 주지 않아도, 야간이나 휴일에 일하면 50퍼센트 임금을 더 줘야 하는 가산 임금을 주지 않아도 처벌받지 않습니다. 휴업 수당이나 해고 예고 수당을 지급하지 않고, 해고를 서면으로 통지하지 않아도 부당 해고가 되지 않지요. 이렇게 근로기준법에 정한 노동 현장과 실제 청소년들이 일하는 사업장의 사정이 다르다 보니 노동자로서 정당한 혜택을 받기가 쉽지 않답니다.

스웨덴의 경우 1977년 제정된 노동 환경법이 있습니다. 이 법은 현재 1994년 개정을 통해 1인 기업과 가족 기업에도 모두 적용되고 있지요. 사기업은 물론 공기업까지 모든 기업을 대상으로 하는 이 법은 고용의 내용, 노동 시간, 노동 조직, 노동자 참여 구조 등 다양한 영역을 다루고 있습니다.

청소년들이 실질적으로 일하는 사업장의 형태와 일하는 시간 등을 고려해 볼 때 청소년 노동자들을 부당 노동 행위에서 구제하기 위해서는 법제도 개선이 더 시급하다고 할 수 있습니다.

기본소득

청소년 노동이란 주제는 현재 한국 사회에서 큰 문제가 되고 있는 빈

사례탐구 보우사 파밀리아

브라질의 룰라 대통령은 기아와 문맹이 브라질 발전에 최대 걸림돌이라고 판단하고, 가족 지원금 정책인 '보우사 파밀리아'를 실행했다. 보우사 파밀리아는 한 가족의 월 소득이 최저 생계비에 미치지 못하는 빈곤층에게 자녀를 학교에 보내고 백신접종을 하는 조건으로 지급한 '가족 수당'이다. 이 정책으로 브라질의 문맹률과 어린이 사망률이 낮아졌으며, 극심한 빈곤층을 줄일 수 있었다.

곤의 가속화와 무관하지 않습니다. 신자유주의 경제 사회에서 세계화와 함께 불어닥친 경기 침체는 청소년 노동에도 악영향을 끼쳤어요. 청년 실업 문제와 함께 고용 시장의 유연화를 통해 그나마 있던 청소년들의 일자리를 청년과 중장년층에게 뺏기게 되었거든요. 그로 인해 생계형 청소년 노동이 크게 위협받고 있어요. 어쩌면 이러한 빈곤 구조를 해결하는 것이 청소년 노동 문제를 해결하는 데 선결 과제가 될 수도 있습니다. 최근 들어 '기본소득'이 그 대안으로 제시되고 있습니다.

기본소득이란 소득의 많고 적음에 상관없이, 일을 하든지 안 하든지 상관없이, 모두에게 조건 없이 일정액을 정부가 지급하는 것입니다. 노벨경제학상을 받은 제임스 미드 같은 경제학자들과 많은 지식인들이 기본소득의 필요성을 언급했어요. 미국과 유럽에서도 기본소득을 보장하는 복지 정책을 오래전부터 논의해 왔으며 실제로 실시하고 있는 곳도 있습니다.

헌법에는 국가가 모든 국민에게 인간다운 생활을 보장해야 한다는 내용이 있는데, 그것을 실제 권리로써 보장하자는 생각에서 나온 제도가 기본소득입니다. 기본소득을 통해 부의 재분배를 이루고, 사회의 불평등을 줄이고, 심각해진 실업의 시대에 노동 여부와 상관없이 소득을 보장하여 인간으로서 최소한의 존엄을 지키며 살아갈 수 있도록 도움을 주자는 것이에요. 만약 청소년에게 기본소득이 지급된다면 어떤 일이 일어날까요?

우선 청소년들이 자신의 진로와 인생에 대해서 좀 더 여유롭게 생각해 볼 수 있습니다. 돈에 대한 구속에서 벗어나 자신이 하고 싶은 일을 해 볼 수 있는 자유가 더 많아질 테니까요.

　기본소득의 금액은 얼마로 정할 것인지, 재원은 어떻게 마련할 것인지 아직 많은 논의가 필요합니다. 하지만 청소년 기본소득 지급은 분명 청소년 노동 문제에 중요한 대안이 될 거예요.

간추려 보기

- 청소년도 노동 시장에서 노동자로 당당히 대우받아야 한다.
- 청소년 노동에 대한 편견을 버리고 청소년들이 더 나은 일자리 환경에서 즐겁게 일할 수 있게 만들어 주어야 한다.
- 국가가 나서서 청소년 노동 안전과 보호에 힘써야 한다.
- 기본소득은 청소년 노동 문제에 중요한 대안이 될 수 있다.

용어 설명

개신교 16세기 종교 개혁의 결과로 로마 가톨릭교회에서 떨어져 나와 성립된 종교 단체 또는 그 분파를 통틀어 이르는 말. 프로테스탄트라고도 한다.

과태료 공법에서, 의무 이행을 태만히 한 사람에게 벌로 물게 하는 돈. 벌금과 달리 형벌의 성질을 가지지 않는 법령 위반에 대하여 부과한다.

기계화 사람이나 동물이 하는 노동을 기계가 대신함.

노동조합 노동 조건의 개선(改善) 및 노동자의 사회적·경제적인 지위 향상을 목적으로 노동자가 조직한 단체. 기업별, 산업별, 지역별 등의 다양한 형태가 있다.

디왈리 축제 인도에서 부와 풍요를 상징하는 힌두교의 여신 락슈미를 기념하여 해마다 열리는 축제. '빛의 축제', '등불의 무리'라는 뜻의 산스크리트어에서 유래하였으며, '디파발리'라고도 한다.

르네상스 14~16세기에, 이탈리아를 중심으로 하여 유럽 여러 나라에서 일어난 인간성 해방을 위한 문화 혁신 운동. 도시의 발달과 상업 자본의 형성을 배경으로 하여 개성·합리성·현세적 욕구를 추구하는 반(反)중세적 정신 운동을 일으켰으며, 문학·미술·건축·자연 과학 등 여러 방면에 걸쳐 유럽 문화의 근대화에 사상적 원류가 되었다.

부도 어음이나 수표를 가진 사람이 기한이 되어도 어음이나 수표에 적힌 돈을 지급받지 못하는 일.

성물 기독교 의식에 쓰는 여러 가지의 신성하고 거룩한 물건. 십자가, 십자고상, 묵주, 성모상 등과 미사 제구들이 여기에 속한다.

성희롱 상대편의 의사에 관계없이 성적으로 수치심을 주는 말이나 행동.

열정 페이 어려운 취업 현실을 가리키는 신조어로, 열정을 빌미로 한 저임금 노동을 이름. 무급 또는 최저 시급에도 미치지 못하는 아주 적은 월급을 주면서 청년들의 노동력을 착취하는 행태를 비꼬는 신조어다.

워킹 홀리데이 비자 여행과 노동을 겸할 수 있는 관광 비자로 관광취업사증이라고도 함. 노동력이 부족한 나라에서 상대국과의 상호 이해를 도모하기 위한 목적으로 외국의 젊은이들에게 12개월의 관광 비자를 발급하여 입국을 허락하고 여행 경비를 보충할 정도의 노동을 허가하는 제도다. 2개국 간의 상호 제도로서 우리나라는 호주, 캐나다, 뉴질랜드, 일본과 워킹 홀리데이 비자협정을 체결하고 있다.

외환 위기 대외 경상수지의 적자 확대와 단기유동성 외환 부족 등으로 대외 거래에 필요한 외환을 확보하지 못하여 국가 경제에 치명적인 타격을 입게 되는 현상.

이슬람 국가 급진 수니파 무장 단체인 이라크-레반트 이슬람국가(ISIL)가 2014년 6월 29일 개명한 단체. 시리아의 락까에 본부를 둔 IS의 자금력과 조직 동원력, 군사력이 이전의 다른 무장 단체나 테러 조직들과 비교하기 어려울 정도로 위협적이다.

발암 물질 암종(癌腫) 또는 다른 악성 종양을 일으킬 수 있는 물질.

임금 피크제 근로자가 일정 연령에 도달한 시점부터 임금을 삭감하는 대신 근로자의 고용을 보장(정년 보장 또는 정년 후 고용 연장)하는 제도. 기본적으로는 정년 보장 또는 정년 연장과 임금 삭감을 맞교환하는 제도라 할 수 있다.

자본가 많은 자본금을 가지고 대부하여 이자를 받거나, 그것으로 노동자를 고용·사역하여 기업을 경영함으로써 이윤을 내는 사람.

종교 개혁 16세기에 유럽에서 로마 가톨릭 교회에 반대하여 일어난 개혁 운동. 1517년에 루터가 95개조 반박문을 제시하여 면죄부 판매를 공격한 데서 비롯하였는데, 개인의 신앙과 성서 해석의 중요성을 강조하였고, 그 결과 프로테스탄트 교회가 성립되었다.

트라우마 의학 용어로는 '외상(外傷)'을 뜻하나, 심리학에서는 '정신적 외상(영구적인 정신 장애를 남기는) 충격'을 말하며, 보통 심리학적 의미로 많이 쓰인다.

파트타임 정규 취업 시간보다 짧은 시간을 정하여 몇 시간 동안만 일하는 방식, 또는 그런 일.

형사 처분 범죄를 이유로 하여 형벌을 가하는 처벌.

연표

1388년	영국에서 빈민을 구제하기 위한 법률인 구빈법이 제정되었다.
1601년	부랑자의 정리와 빈민 구제가 목적인 엘리자베스 구빈법이 제정되었다.
1700년	영국에서 산업 혁명이 일어났다.
1795년	스피넘랜드법(공공 부조 제도)이 제정되었다.
1802년	최초의 노동법인 공장법이 영국에서 만들어졌다.
1838년	영국에서 차티스트 운동(노동자 중심의 사회 변혁 운동)이 시작되어 1848년까지 진행되었다.
1839년	독일에서 노동자 보호법을 제정하였다.

1841년	프랑스에서 노동자 보호법을 제정하였다.
1847년	영국에서 여성과 연소자에 한해 10시간 노동제를 도입하도록 공장법을 개정하였다.
1886년	국제노동자협회 제네바에서 8시간 노동제를 선언하였다.
1886년	미국 시카고 헤이마켓광장에서 8시간 노동을 요구하는 시위가 일어났다. (5월 1일)
1871년	영국에서 노동조합을 법률로 승인하였다.
1889년	국제노동자협회(제2 인터내셔널)는 파리총회에서 세계 노동절(5월 1일)을 제정하였다.
1894년	뉴질랜드에서 강제중재법이 시행되었다.
1896년	호주에서 빅토리아주 공장법이 제정되었다.
1911년	일본에서 공장법이 제정되었다.
1919년	국제노동기구(ILO)가 설립되었다. (8시간 노동제, 실업에 관한 조약 채택)

1928년	국제노동기구에서 최저 임금 관련 조약을 비준하였다.
1935년	미국은 와그너법(전국노동관계법)을 제정하여 노동삼권을 보장하고, 부당 노동 행위를 금지시켰다.
1938년	스웨덴에서 살츠요바덴 협약(스웨덴의 노사 타협 모델)이 이루어졌다.
1953년	한국에서 노동법이 제정(노동조합법, 노동위원회법, 노동쟁의 조정법, 근로기준법)되었다.
1982년	네덜란드에서 바세나르 협약(임금 억제와 일자리 나누기를 통한 고용 창출, 노사정 대타협)이 이루어졌다.
1988년	한국에서 최저 임금 제도를 시행하기 시작했다.
1991년	한국이 국제노동기구에 가입하였다.
1997년	한국이 외환 위기로 인해 IMF 구제 금융을 신청했다.
1998년	어린이 노동 반대 세계 운동인 글로벌 마치(GLOBAL March Against Child Labour) 운동이 시작되었다.

2004년	브라질에서 세계 최초로 시민기본소득법이 제정되어 시행되었다.
2010년	한국 최초 세대별 노동조합인 청년유니온이 설립되었다.
2014년	청소년 당사자가 만든 최초의 세대별 노동조합인 청소년유니온이 설립되었다.

더 알아보기

고용노동연수원 청소년고용노동교육 youth.koreatech.ac.kr
청소년 예비 노동자와 알바생, 현장 실습생 등의 노동자와 취업을 준비 중인 청소년을 위한 노동법, 직업관, 진로 설계 등에 대한 정보를 제공하고 있다.

청소년노동인권네트워크 cafe.daum.net/nodongzzang
청소년 노동 실태 조사, 특성화 고등학교 현장 실습 실태 조사, 노동 인권 교육 워크숍 등의 다양할 활동을 하면서 청소년 노동 인권을 높이는 데 앞장서고 있다.

청소년유니온 blog.naver.com/youth1524
청소년 노동조합으로 만 15~24세 청소년이면 누구나 가입할 수 있다. 학교 내 노동 인권 교육 강화, 특성화 고등학교 현장 실습 근로 환경 개선, 청소년 아르바이트생에 대한 부당 대우 대응 등의 활동을 하고 있다.

한국잡월드 www.koreajobworld.or.kr
어린이와 청소년을 위한 국내외 최대 규모의 직업 체험관으로 2012년 5월 15일 개관한 고용노동부 산하 공공기관이다. 다양한 직업 체험과 탐색의 기회를 제공하고 건정한 직업관 및 근로 의식 형성을 유도하여 자신에게 맞는 진로 및 직업 선택을 하는데 도움을 준다.

찾아보기

내인생의책은 한 권의 책을 만들 때마다
우리 아이들이 나중에 자라 이 책이 '내 인생의 책'이라고 말할 수 있는 책을 만들고자 합니다.

세상에 대하여 우리가 더 잘 알아야 할 교양
㊻ **청소년 노동** 정당하게 일할 권리 어떻게 찾을까?

홍준희 글 | 하종강 감수

초판 인쇄일 2016년 5월 10일 | 초판 발행일 2016년 5월 20일
펴낸이 조기룡 | 펴낸곳 내인생의책 | 등록번호 제10-2315호
주소 서울시 영등포구 당산로41길 11 SKV1 Center W1801호
전화 (02)335-0449, 335-0445(편집) | 팩스 (02)6499-1165
전자우편 bookinmylife@naver.com | 카페 http://cafe.naver.com/thebookinmylife
편집장 이은아 | 편집1팀 신인수 이다겸 편집2팀 조정우 김예지
디자인 안나영 김지혜 | 경영지원 조하늘 | 마케팅 강보람

ISBN 979-11-5723-268-0 44300
ISBN 978-89-97980-77-2 44300(세트)

이 도서의 국립중앙도서관 출판시도서목록(CIP)은 e-CIP 홈페이지(http://www.ml.go.kr/ecip)에서 이용하실 수 있습니다.
(CIP제어번호: 2016009767)

디베이트 월드 이슈 시리즈

세상에 대하여 우리가 더 잘 알아야 할 교양

전국사회교사모임 선생님들이 번역한 신개념 아동·청소년 인문교양서!

《디베이트 월드 이슈 시리즈 세더잘》은 우리 아이들에게 편견에 둘러싸인 세계 흐름에서 벗어나 보다 더 적확한 정보와 지식을 제공합니다. 모두가 'A는 B이다.'라고 믿는 사실이, 'A는 B만이 아니라, C나 D일 수도 있다.'라는 것을 알려 주면서 아이들이 또 다른 진실을 발견하도록 안내합니다.

★ 전국사회교사모임 추천도서 ★ 문화체육관광부 우수교양도서 ★ 한국간행물윤리위원회 청소년 권장도서 ★ 서울시교육청 추천도서
★ 보건복지부 우수건강도서 ★ 아침독서 추천도서 ★ 대교눈높이창의독서 선정도서 ★ 학교도서관저널 추천도서

① 공정무역 ② 테러 ③ 중국 ④ 이주 ⑤ 비만 ⑥ 자본주의 ⑦ 에너지 위기 ⑧ 미디어의 힘 ⑨ 자연재해 ⑩ 성형 수술 ⑪ 사형제도 ⑫ 군사 개입 ⑬ 동물실험 ⑭ 관광산업 ⑮ 인권 ⑯ 소셜 네트워크 ⑰ 프라이버시와 감시 ⑱ 낙태 ⑲ 유전 공학 ⑳ 피임 ㉑ 안락사 ㉒ 줄기세포 ㉓ 국가 정보 공개 ㉔ 국제 관계 ㉕ 적정기술 ㉖ 엔터테인먼트 산업 ㉗ 음식문맹 ㉘ 정치 제도 ㉙ 리더 ㉚ 맞춤아기 ㉛ 투표와 선거 ㉜ 광고 ㉝ 해양석유시추 ㉞ 사이버 폭력 ㉟ 폭력 범죄 ㊱ 스포츠 자본 ㊲ 스포츠 윤리 ㊳ 슈퍼박테리아 ㊴ 기아 ㊵ 산업형 농업 ㊶ 빅데이터 ㊷ 다문화 ㊸ 제노사이드 ㊹ 글로벌 경제 ㊺ 플라스틱 오염 ㊻ 청소년 노동